Sapore del Mediterraneo
Un Viaggio Culinario tra le Perle del Mare

Lucia Matta

Sommario

Tajine marocchino con verdure 9

Wrap di ceci e lattuga con sedano 11

Spiedini Di Verdure Alla Griglia 12

Funghi Portobello Ripieni Di Pomodori 14

Foglie di tarassaco appassite con cipolla dolce 16

Sedano e senape 17

Scramble di verdure e tofu 18

Zoodle semplici 20

Wrap di lenticchie e germogli di pomodoro 21

Ciotola Di Verdure Mediterranee 23

Wrap di verdure arrosto e hummus 25

Fagiolini spagnoli 27

Hash rustico di cavolfiore e carote 28

Cavolfiore e Pomodori Arrostiti 29

Zucca ghianda arrostita 31

Spinaci saltati con aglio 33

Zucchine saltate con aglio e menta 34

Gombo in umido 35

Peperoni Ripieni Di Verdure Dolci 36

Moussaka di melanzane 38

Foglie di vite ripiene di verdure 40

Involtini di melanzane grigliate 42

Frittelle Di Zucchine Croccanti 44

Tortini di spinaci con formaggio 46

Morsi di cetriolo 48

salsa allo yogurt 49

bruchette al pomodoro 50

Pomodori Ripieni Di Olive E Formaggio 52

Tapenade ai peperoni 53

Falafel al coriandolo 54

Hummus di peperoni rossi 56

Salsa di fagioli bianchi 57

Hummus con agnello macinato 58

Salsa di melanzane 59

Frittelle di verdure 60

Polpette Di Agnello Bulgur 62

Morsi di cetriolo 64

Avocado ripieno 65

Prugne avvolte 66

Feta marinata e carciofi 67

Crocchette di tonno 69

Crudité di salmone affumicato 72

Olive marinate agli agrumi 73

Tapenade di olive con acciughe 74

Uova alla diavola greche 76

Biscotti Manchega 78

Pila di burrata caprese 80

Frittelle di zucchine e ricotta con salsa aioli all'aglio e limone 82

Cetrioli Ripieni Di Salmone 84

Patè di formaggio di capra e sgombro 86

Sapore di bombe di grasso mediterranee 88

Gazpacho di avocado 90

Tazze di lattuga con torta di granchio 92

Involtino di insalata di pollo al dragoncello e arancia 94

Funghi Ripieni Di Feta E Quinoa 96

Falafel ai cinque ingredienti con aglio e salsa allo yogurt 98

Gamberetti al limone con olio d'oliva all'aglio 100

Patatine croccanti di fagiolini con salsa allo yogurt al limone 102

Patatine Pita Al Sale Marino Fatte In Casa 104

Salsa di Spanakopita al forno 105

Salsa di cipolle perlate arrostite 107

Tapenade di peperoni rossi 109

Buccia di patate greche con olive e feta 111

Focaccia con pita di carciofi e olive 113

Insalata Fiesta Di Pollo 115

Insalata di mais e fagioli neri 117

Insalata di pasta fantastica 118

Insalata di tonno 120

Insalata di patate del sud 121

Insalata "sette strati 123

Insalata di cavolo riccio, quinoa e avocado con vinaigrette di Digione al limone 125

Insalata di pollo 127

Insalata Cobb 129

Insalata di broccoli 131

Insalata di fragole e spinaci 133

Insalata di pere con formaggio Roquefort	135
Insalata Di Fagioli Messicani	137
Insalata di melone	139
Insalata di sedano e arancia	141
Insalata Di Broccoli Arrostiti	142
Insalata di pomodoro	144
Insalata di barbabietola con formaggio feta	145
Insalata di cavolfiore e pomodorini	146
Pilaf con crema di formaggio	147
Insalata di melanzane arrostite	149
Verdure grigliate	150
Insalata di pistacchi e rucola	152
Risotto d'orzo alla parmigiana	153
Insalata di frutti di mare e avocado	155
Insalata Di Gamberi Mediterranea	157
Insalata Di Pasta Di Ceci	158
Frittura mediterranea	160
Insalata di cetrioli balsamici	162
Empanadas di carne Kefta con insalata di cetrioli	163
Insalata di pollo e cetrioli con pesto di prezzemolo	165
Insalata semplice di rucola	167
Insalata di fagioli e ceci con feta	169
Ciotole greche di riso integrale e selvatico	171
Insalata Greca Per Cena	172
Halibut con insalata di limone e finocchi	174
Insalata di pollo greca alle erbe	176
Insalata Di Cous Cous Greco	178

Frittata fritta di Denver 180

Padella Per Salsicce 182

Gamberi Marinati Alla Griglia 184

Casseruola di uova con salsiccia 186

Quadrati di tortilla al forno 188

uovo sodo 190

Funghi Con Glassa Di Salsa Di Soia 191

Muffin all'uovo 193

uova di dinosauro 195

Pancake alle mandorle e banane Paleo 199

Zucchine con Uovo 201

Casseruola per colazione Amish al formaggio 202

Insalata con formaggio Roquefort 204

Riso con tagliatelle 206

Fagioli e riso 208

fagioli al burro 210

Freekeh 212

Polpette di riso fritte con salsa di pomodoro 213

Riso alla spagnola 215

Zucchine con Riso e Tzatziki 217

Fagioli cannellini con salsa al rosmarino e aglio 219

Riso gioiello 220

Tajine marocchino con verdure

Tempo di preparazione: 20 minuti.

È ora di cucinare: 40 minuti

Porzioni: 2

Livello di difficoltà: medio

Ingredienti:

- 2 cucchiai di olio d'oliva
- ½ cipolla tritata
- 1 spicchio d'aglio, tritato
- 2 tazze di cimette di cavolfiore
- 1 carota media, tagliata a pezzi da 1 pollice
- 1 tazza di melanzane a cubetti
- 1 lattina di pomodori interi con succo
- 1 lattina (15 once/425 g) di ceci
- 2 patate rosse piccole
- 1 tazza d'acqua
- 1 cucchiaino di sciroppo d'acero puro
- ½ cucchiaino di cannella
- ½ cucchiaino di curcuma
- 1 cucchiaino di cumino
- ½ cucchiaino di sale
- Da 1 a 2 cucchiaini di pasta di harissa

Indirizzi:

In una pentola, scaldare l'olio d'oliva a fuoco medio-alto. Soffriggere la cipolla per 5 minuti, mescolando di tanto in tanto, o finché la cipolla non sarà traslucida.

Aggiungere l'aglio, le cimette di cavolfiore, la carota, le melanzane, i pomodori e le patate. Schiacciare i pomodori con un cucchiaio di legno in pezzetti più piccoli.

Aggiungere i ceci, l'acqua, lo sciroppo d'acero, la cannella, la curcuma, il cumino e il sale e mescolare per incorporare. lascialo bollire

Una volta terminato, ridurre il fuoco a medio-basso. Aggiungere la pasta di harissa, coprire e cuocere a fuoco lento per circa 40 minuti o fino a quando le verdure si saranno ammorbidite. Assaggia e aggiusta il condimento secondo necessità. Lasciare riposare prima di servire.

Nutrizione (per 100 g): 293 calorie 9,9 g grassi 12,1 g carboidrati 11,2 g proteine 811 mg sodio

Wrap di ceci e lattuga con sedano

Tempo di preparazione: 10 minuti.

È ora di cucinare: 0 minuti

Porzioni: 4

Livello di difficoltà: Facile

Ingredienti:

- 1 lattina (15 once/425 g) di ceci a basso contenuto di sodio
- 1 gambo di sedano, tagliato a fettine sottili
- 2 cucchiai di cipolla rossa tritata finemente
- 2 cucchiai di tahina non salata
- 3 cucchiai di senape al miele
- 1 cucchiaio di capperi, non sgocciolati
- 12 foglie di lattuga al burro

Indirizzi:

In una ciotola, schiacciare i ceci con lo schiacciapatate o con il dorso di una forchetta fino ad ottenere un composto quasi liscio. Aggiungi il sedano, la cipolla rossa, la tahina, la senape e i capperi nella ciotola e mescola fino a quando non saranno ben incorporati.

Per ogni porzione, disporre tre foglie di lattuga sovrapposte su un piatto e ricoprire con ¼ del ripieno di hummus, quindi arrotolare. Ripetere l'operazione con le foglie di lattuga rimanenti e il composto di ceci.

Nutrizione (per 100 g): 182 calorie 7,1 g grassi 3 g carboidrati 10,3 g proteine 743 mg sodio

Spiedini Di Verdure Alla Griglia

Tempo di preparazione: 15 minuti.
È ora di cucinare: 10 minuti
Porzioni: 4
Livello di difficoltà: Facile

Ingredienti:

- 4 cipolle rosse medie, sbucciate e tagliate in 6 spicchi
- 4 zucchine medie, tagliate a fette spesse 1 pollice
- 2 pomodori a bistecca, tagliati in quarti
- 4 peperoni rossi
- 2 peperoni arancioni
- 2 peperoni gialli
- 2 cucchiai più 1 cucchiaino di olio d'oliva

Indirizzi:

Preriscaldare la griglia a fuoco medio-alto. Infilzare le verdure alternando cipolla rossa, zucchine, pomodori e peperoni di diversi colori. Ungere con 2 cucchiai di olio d'oliva.

Ungere le griglie con 1 cucchiaino di olio d'oliva e grigliare gli spiedini di verdure per 5 minuti. Capovolgi gli spiedini e grigliali per altri 5 minuti o fino a quando saranno cotti secondo i tuoi gusti. Lasciare raffreddare gli spiedini per 5 minuti prima di servire.

Nutrizione (per 100 g): 115 calorie 3 g di grassi 4,7 g di carboidrati 3,5 g di proteine 647 mg di sodio

Funghi Portobello Ripieni Di Pomodori

Tempo di preparazione: 10 minuti.

È ora di cucinare: 15 minuti

Porzioni: 4

Livello di difficoltà: medio

Ingredienti:

- 4 grandi tappi di funghi portobello
- 3 cucchiai di olio extra vergine di oliva
- Sale e pepe nero a piacere
- 4 pomodori secchi
- 1 tazza di mozzarella grattugiata, divisa
- Da ½ a ¾ tazza di salsa di pomodoro a basso contenuto di sodio

Indirizzi:

Preriscaldare la griglia a fuoco alto. Disporre le cappelle dei funghi su una teglia e condire con olio d'oliva. Cospargere con sale e pepe. Arrostire per 10 minuti, girando le cappelle dei funghi a metà cottura, finché non saranno dorate in superficie.

Togliere dalla griglia. Versare 1 pomodoro, 2 cucchiai di formaggio e 2 o 3 cucchiai di salsa in ogni cappello di fungo. Riporta i cappucci dei funghi sulla griglia e continua a grigliare per 2 o 3 minuti. Lasciare raffreddare per 5 minuti prima di servire.

Nutrizione (per 100 g): 217 calorie 15,8 g grassi 9 g carboidrati 11,2 g proteine 793 mg sodio

Foglie di tarassaco appassite con cipolla dolce

Tempo di preparazione: 15 minuti.
È ora di cucinare: 15 minuti
Porzioni: 4
Livello di difficoltà: Facile

Ingredienti:

- 1 cucchiaio di olio extra vergine di oliva
- 2 spicchi d'aglio, tritati
- 1 cipolla Vidalia, affettata sottilmente
- ½ tazza di brodo vegetale a basso contenuto di sodio
- 2 mazzi di foglie di tarassaco, tritate
- Pepe nero macinato fresco, a piacere

Indirizzi:

Scaldare l'olio d'oliva in una padella larga a fuoco basso. Aggiungere l'aglio e la cipolla e cuocere per 2 o 3 minuti, mescolando di tanto in tanto o fino a quando la cipolla diventa traslucida.

Incorporare il brodo vegetale e le foglie verdi di tarassaco e cuocere per 5-7 minuti finché non si ammorbidiscono, mescolando spesso. Spolverate con pepe nero e servite su un piatto caldo.

Nutrizione (per 100 g): 81 calorie 3,9 g grassi 4 g carboidrati 3,2 g proteine 693 mg sodio

Sedano e senape

Tempo di preparazione: 10 minuti.

È ora di cucinare: 15 minuti

Porzioni: 4

Livello di difficoltà: medio

Ingredienti:

- ½ tazza di brodo vegetale a basso contenuto di sodio
- 1 gambo di sedano, tritato grossolanamente
- ½ cipolla dolce tritata
- ½ peperone rosso grande, tagliato a fettine sottili
- 2 spicchi d'aglio, tritati
- 1 mazzetto di senape, tritata

Indirizzi:

Versare il brodo vegetale in un'ampia padella di ghisa e portare ad ebollizione a fuoco medio. Aggiungere il sedano, la cipolla, il peperone e l'aglio. Cuocere senza coperchio per circa 3-5 minuti.

Aggiungi la senape nella padella e mescola bene. Ridurre il fuoco e cuocere finché il liquido non evapora e le verdure si ammorbidiscono. Togliere dal fuoco e servire caldo.

Nutrizione (per 100 g): 39 Calorie 3,1 g Proteine 6,8 g Carboidrati 3 g Proteine 736 mg Sodio

Scramble di verdure e tofu

Tempo di preparazione: 5 minuti.

È ora di cucinare: 10 minuti

Porzioni: 2

Livello di difficoltà: Facile

Ingredienti:

- 2 cucchiai di olio extra vergine di oliva
- ½ cipolla rossa, tritata finemente
- 1 tazza di cavolo riccio tritato
- 8 once (227 g) di funghi, affettati
- 8 once (227 g) di tofu, tagliato a pezzi
- 2 spicchi d'aglio, tritati
- 1 pizzico di fiocchi di peperoncino
- ½ cucchiaino di sale marino
- 1/8 cucchiaino di pepe nero appena macinato

Indirizzi:

Cuocere l'olio d'oliva in una padella antiaderente media a fuoco medio-alto finché non diventa luccicante. Aggiungi la cipolla, il cavolo riccio e i funghi nella padella. Cuocere e mescolare in modo irregolare o fino a quando le verdure iniziano a dorarsi.

Aggiungere il tofu e soffriggere per 3-4 minuti finché non si ammorbidisce. Aggiungere l'aglio, i fiocchi di peperoncino, il sale e il pepe nero e cuocere per 30 secondi. Lasciare riposare prima di servire.

Nutrizione (per 100 g): 233 calorie 15,9 g grassi 2 g carboidrati 13,4 g proteine 733 mg sodio

Zoodle semplici

Tempo di preparazione: 10 minuti.

È ora di cucinare: 5 minuti

Porzioni: 2

Livello di difficoltà: Facile

Ingredienti:

- 2 cucchiai di olio di avocado
- 2 zucchine medie, a spirale
- ¼ cucchiaino di sale
- Pepe nero macinato fresco, a piacere

Indirizzi:

Scaldare l'olio di avocado in una padella capiente a fuoco medio finché non diventa luccicante. Aggiungere le tagliatelle di zucchine, sale e pepe nero nella padella e mescolare per ricoprire. Cuocere, mescolando continuamente, finché sono teneri. Servire caldo.

Nutrizione (per 100 g): 128 calorie 14 g grassi 0,3 g carboidrati 0,3 g proteine 811 mg sodio

Wrap di lenticchie e germogli di pomodoro

Tempo di preparazione: 15 minuti.
È ora di cucinare: 0 minuti
Porzioni: 4
Livello di difficoltà: Facile

Ingredienti:

- 2 tazze di lenticchie cotte
- 5 pomodorini rom, tagliati a cubetti
- ½ tazza di formaggio feta sbriciolato
- 10 grandi foglie di basilico fresco, affettate sottilmente
- ¼ di tazza di olio extra vergine di oliva
- 1 cucchiaio di aceto balsamico
- 2 spicchi d'aglio, tritati
- ½ cucchiaino di miele grezzo
- ½ cucchiaino di sale
- ¼ di cucchiaino di pepe nero appena macinato
- 4 foglie grandi di cavolo, private del gambo

Indirizzi:

Unisci le lenticchie, i pomodori, il formaggio, le foglie di basilico, l'olio d'oliva, l'aceto, l'aglio, il miele, il sale e il pepe nero e mescola bene.

Metti le foglie di cavolo su una superficie di lavoro piana. Versare quantità uguali del composto di lenticchie sui bordi delle foglie. Arrotolateli e tagliateli a metà per servirli.

Nutrizione (per 100 g): 318 calorie 17,6 g grassi 27,5 g carboidrati 13,2 g proteine 800 mg sodio

Ciotola Di Verdure Mediterranee

Tempo di preparazione: 10 minuti.

È ora di cucinare: 20 minuti

Porzioni: 4

Livello di difficoltà: medio

Ingredienti:

- 2 tazze d'acqua
- 1 tazza di grano bulgur o quinoa n. 3, sciacquata
- 1 cucchiaino e mezzo di sale, diviso
- 1 litro (2 tazze) di pomodorini, tagliati a metà
- 1 peperone grande, tritato
- 1 cetriolo grande, tritato
- 1 tazza di olive Kalamata
- ½ tazza di succo di limone appena spremuto
- 1 tazza di olio extra vergine di oliva
- ½ cucchiaino di pepe nero appena macinato

Indirizzi:

Portare l'acqua a ebollizione in una pentola media a fuoco medio. Aggiungere il bulgur (o la quinoa) e 1 cucchiaino di sale. Coprire e cuocere per 15-20 minuti.

Per disporre le verdure nelle 4 ciotole, dividi visivamente ciascuna ciotola in 5 sezioni. Disporre il bulgur cotto in una sezione. Continuare con pomodori, peperoni, cetrioli e olive.

Sbattere insieme il succo di limone, l'olio d'oliva, il rimanente ½ cucchiaino di sale e il pepe nero.

Versare uniformemente il condimento su tutte e 4 le ciotole. Servire immediatamente o coprire e conservare in frigorifero per dopo.

Nutrizione (per 100 g): 772 calorie 9 g grassi 6 g proteine 41 g carboidrati 944 mg sodio

Wrap di verdure arrosto e hummus

Tempo di preparazione: 15 minuti.

È ora di cucinare: 10 minuti

Porzioni: 6

Livello di difficoltà: medio

Ingredienti:

- 1 melanzana grande
- 1 cipolla grande
- ½ bicchiere di olio extra vergine di oliva
- 1 cucchiaino di sale
- 6 panini di lavash o pane pita grande
- 1 tazza di hummus tradizionale cremoso

Indirizzi:

Preriscaldare una griglia, una padella grande o una padella grande leggermente unta a fuoco medio. Tagliare le melanzane e la cipolla a cerchi. Ungere le verdure con olio d'oliva e cospargere di sale.

Cuocere le verdure su entrambi i lati, circa 3-4 minuti per lato. Per realizzare l'involucro, adagiare il lavash o la pita piatta. Metti circa 2 cucchiai di hummus sull'involucro.

Dividere uniformemente le verdure tra gli involucri, sovrapponendole lungo un lato dell'involucro. Piegare delicatamente il lato dell'involucro con le verdure, infilandole e formando un involucro stretto.

Posiziona la cucitura dell'involucro verso il basso e tagliala a metà o a terzi.

Puoi anche avvolgere ciascun panino con la pellicola trasparente per aiutarlo a mantenere la forma e mangiarlo in seguito.

Nutrizione (per 100 g): 362 calorie 10 g grassi 28 g carboidrati 15 g proteine 736 mg sodio

Fagiolini spagnoli

Tempo di preparazione: 10 minuti.

È ora di cucinare: 20 minuti

Porzioni: 4

Livello di difficoltà: Facile

Ingredienti:

- ¼ di tazza di olio extra vergine di oliva
- 1 cipolla grande tritata
- 4 spicchi d'aglio tritati finemente
- 1 libbra di fagiolini, freschi o congelati, tagliati
- 1 cucchiaino e mezzo di sale, diviso
- 1 lattina (15 once) di pomodori a cubetti
- ½ cucchiaino di pepe nero appena macinato

Indirizzi:

Scaldare l'olio d'oliva, la cipolla e l'aglio; cuocere per 1 minuto. Tagliare i fagiolini in pezzi da 2 pollici. Aggiungi i fagiolini e 1 cucchiaino di sale nella pentola e mescola tutto insieme; cuocere per 3 minuti. Aggiungi i pomodori a cubetti, il restante ½ cucchiaino di sale e il pepe nero nella pentola; proseguire la cottura per altri 12 minuti, mescolando di tanto in tanto. Servire caldo.

Nutrizione (per 100 g): 200 calorie 12 g di grassi 18 g di carboidrati 4 g di proteine 639 mg di sodio

Hash rustico di cavolfiore e carote

Tempo di preparazione: 10 minuti.

È ora di cucinare: 10 minuti

Porzioni: 4

Livello di difficoltà: Facile

Ingredienti:

- 3 cucchiai di olio extra vergine di oliva
- 1 cipolla grande tritata
- 1 cucchiaio di aglio tritato
- 2 tazze di carote a dadini
- 4 tazze di pezzi di cavolfiore, lavati
- 1 cucchiaino di sale
- ½ cucchiaino di cumino macinato

Indirizzi:

Cuocere l'olio d'oliva, la cipolla, l'aglio e le carote per 3 minuti. Tagliare il cavolfiore in pezzi da 1 pollice o di piccole dimensioni. Aggiungere il cavolfiore, il sale e il cumino nella padella e mescolare per unirli alle carote e alle cipolle.

Coprire e cuocere per 3 minuti. Aggiungete le verdure e continuate la cottura per altri 3 o 4 minuti. Servire caldo.

Nutrizione (per 100 g): 159 calorie 17 g grassi 15 g carboidrati 3 g proteine 569 mg sodio

Cavolfiore e Pomodori Arrostiti

Tempo di preparazione: 5 minuti.

È ora di cucinare: 25 minuti

Porzioni: 4

Livello di difficoltà: medio

Ingredienti:

- 4 tazze di cavolfiore, tagliato a pezzi da 1 pollice
- 6 cucchiai di olio extra vergine di oliva, divisi
- 1 cucchiaino di sale, diviso
- 4 tazze di pomodorini
- ½ cucchiaino di pepe nero appena macinato
- ½ tazza di parmigiano grattugiato

Indirizzi:

Preriscalda il forno a 425 ° F. Aggiungi il cavolfiore, 3 cucchiai di olio d'oliva e ½ cucchiaino di sale in una ciotola capiente e mescola per ricoprirlo uniformemente. Disporre sulla teglia in uno strato uniforme.

In un'altra grande ciotola, aggiungi i pomodori, i restanti 3 cucchiai di olio d'oliva e ½ cucchiaino di sale e mescola per ricoprirli uniformemente. Versare su una teglia diversa. Metti la foglia di cavolfiore e quella di pomodoro nel forno ad arrostire per 17-20 minuti fino a quando il cavolfiore sarà leggermente dorato e i pomodori saranno carnosi.

Usando una spatola, posiziona il cavolfiore su un piatto da portata e guarnisci con pomodori, pepe nero e parmigiano. Servire caldo.

Nutrizione (per 100 g): 294 calorie 14 g grassi 13 g carboidrati 9 g proteine 493 mg sodio

Zucca ghianda arrostita

Tempo di preparazione: 10 minuti.

È ora di cucinare: 35 minuti

Porzioni: 6

Livello di difficoltà: medio

Ingredienti:

- 2 zucchine, medio grandi
- 2 cucchiai di olio extra vergine di oliva
- 1 cucchiaino di sale, più una quantità per condire
- 5 cucchiai di burro non salato
- ¼ di tazza di foglie di salvia tritate
- 2 cucchiai di foglie di timo fresco
- ½ cucchiaino di pepe nero appena macinato

Indirizzi:

Preriscalda il forno a 400 ° F. Tagliare la zucca ghianda a metà nel senso della lunghezza. Raschiare i semi e tagliarli orizzontalmente a fette spesse ¾ di pollice. In una ciotola capiente, irrorare la zucca con l'olio d'oliva, cospargere di sale e mescolare per ricoprire.

Metti la zucca su una teglia. Mettere sulla teglia nel forno e cuocere la zucca per 20 minuti. Girare la zucca con una spatola e cuocere per altri 15 minuti.

Ammorbidire il burro in una casseruola media a fuoco medio. Aggiungete la salvia e il timo al burro fuso e lasciate cuocere per

30 secondi. Trasferite le fette di zucca cotte in un piatto. Versare il composto di burro ed erbe sulla zucca. Condire con sale e pepe nero. Servire caldo.

Nutrizione (per 100 g): 188 calorie 13 g grassi 16 g carboidrati 1 g proteine 836 mg sodio

Spinaci saltati con aglio

Tempo di preparazione: 5 minuti.

È ora di cucinare: 10 minuti

Porzioni: 4

Livello di difficoltà: Facile

Ingredienti:

- ¼ di tazza di olio extra vergine di oliva
- 1 cipolla grande, affettata sottilmente
- 3 spicchi d'aglio, tritati
- 6 sacchetti (1 libbra) di spinaci novelli, lavati
- ½ cucchiaino di sale
- 1 limone tagliato a spicchi

Indirizzi:

Cuocere l'olio d'oliva, la cipolla e l'aglio in una padella capiente per 2 minuti a fuoco medio. Aggiungere un sacchetto di spinaci e ½ cucchiaino di sale. Copri la padella e lascia appassire gli spinaci per 30 secondi. Ripetere l'operazione (omettendo il sale), aggiungendo 1 busta di spinaci alla volta.

Quando tutti gli spinaci saranno stati aggiunti, togliete il coperchio e fate cuocere per 3 minuti, lasciando evaporare parte dell'umidità. Servire caldo con la scorza di limone sopra.

Nutrizione (per 100 g): 301 calorie 12 g grassi 29 g carboidrati 17 g proteine 639 mg sodio

Zucchine saltate con aglio e menta

Tempo di preparazione: 5 minuti.

È ora di cucinare: 10 minuti

Porzioni: 4

Livello di difficoltà: Facile

Ingredienti:

- 3 zucchine verdi grandi
- 3 cucchiai di olio extra vergine di oliva
- 1 cipolla grande tritata
- 3 spicchi d'aglio, tritati
- 1 cucchiaino di sale
- 1 cucchiaino di menta secca

Indirizzi:

Tagliare le zucchine a cubetti da ½ pollice. Cuocere l'olio d'oliva, la cipolla e l'aglio per 3 minuti, mescolando continuamente.

Aggiungere le zucchine e il sale nella padella e mescolare per unire alle cipolle e all'aglio, cuocendo per 5 minuti. Aggiungi la menta nella padella, mescolando per unire. Cuocere per altri 2 minuti. Servire caldo.

Nutrizione (per 100 g): 147 calorie 16 g grassi 12 g carboidrati 4 g proteine 723 mg sodio

Gombo in umido

Tempo di preparazione: 55 minuti
È ora di cucinare: 25 minuti
Porzioni: 4
Livello di difficoltà: Facile

Ingredienti:

- ¼ di tazza di olio extra vergine di oliva
- 1 cipolla grande tritata
- 4 spicchi d'aglio tritati finemente
- 1 cucchiaino di sale
- 1 libbra di gombo fresco o congelato, pulito
- 1 lattina (15 once) di salsa di pomodoro naturale
- 2 tazze d'acqua
- ½ tazza di coriandolo fresco, tritato finemente
- ½ cucchiaino di pepe nero appena macinato

Indirizzi:

Mescolare e cuocere olio d'oliva, cipolla, aglio e sale per 1 minuto. Aggiungi l'okra e cuoci per 3 minuti.

Aggiungere la salsa di pomodoro, l'acqua, il coriandolo e il pepe nero; Mescolate, coprite e lasciate cuocere per 15 minuti, mescolando di tanto in tanto. Servire caldo.

Nutrizione (per 100 g): 201 calorie 6 g Grassi 18 g Carboidrati 4 g Proteine 693 mg Sodio

Peperoni Ripieni Di Verdure Dolci

Tempo di preparazione: 20 minuti.

È ora di cucinare: 30 minuti

Porzioni: 6

Livello di difficoltà: medio

Ingredienti:

- 6 peperoni grandi, di diversi colori
- 3 cucchiai di olio extra vergine di oliva
- 1 cipolla grande tritata
- 3 spicchi d'aglio, tritati
- 1 carota tritata
- 1 lattina (16 once) di ceci, sciacquati e scolati
- 3 tazze di riso cotto
- 1 cucchiaino e mezzo di sale
- ½ cucchiaino di pepe nero appena macinato

Indirizzi:

Preriscalda il forno a 350 ° F. Assicurati di scegliere peperoni che possano stare in piedi. Tagliare la spina del peperone e rimuovere i semi, conservandola per dopo. Metti i peperoni in una teglia.

Scaldare l'olio d'oliva, la cipolla, l'aglio e le carote per 3 minuti. Aggiungere i ceci. Cuocere per altri 3 minuti. Togliere la padella dal fuoco e versare gli ingredienti cotti in una ciotola capiente. Aggiungere riso, sale e pepe; mescolare per unire.

Farcire ogni peperone fino in cima e poi sostituire i cappucci dei peperoni. Foderate la teglia con un foglio di alluminio e infornate per 25 minuti. Togliere la pellicola e cuocere per altri 5 minuti. Servire caldo.

Nutrizione (per 100 g): 301 calorie 15 g grassi 50 g carboidrati 8 g proteine 803 mg sodio

Moussaka di melanzane

Tempo di preparazione: 55 minuti

È ora di cucinare: 40 minuti

Porzioni: 6

Livello di difficoltà: Difficile

Ingredienti:

- 2 melanzane grandi
- 2 cucchiaini di sale, divisi
- olio d'oliva spray
- ¼ di tazza di olio extra vergine di oliva
- 2 cipolle grandi, affettate
- 10 spicchi d'aglio, affettati
- 2 lattine (15 once) di pomodori a cubetti
- 1 lattina (16 once) di ceci, sciacquati e scolati
- 1 cucchiaino di origano secco
- ½ cucchiaino di pepe nero appena macinato

Indirizzi:

Tagliare le melanzane orizzontalmente in dischi rotondi spessi ¼ di pollice. Cospargere le fette di melanzane con 1 cucchiaino di sale e metterle in uno scolapasta per 30 minuti.

Preriscaldare il forno a 450 ° F. Asciugare le fette di melanzane con un tovagliolo di carta e ungere ciascun lato con olio d'oliva spray o spennellare leggermente ciascun lato con olio d'oliva.

Assemblare le melanzane in un unico strato su una teglia. Mettere in forno e cuocere per 10 minuti. Poi, aiutandovi con una spatola, girate le fette e fate cuocere per altri 10 minuti.

Soffriggere l'olio d'oliva, la cipolla, l'aglio e il restante cucchiaino di sale. Cuocere per 5 minuti, mescolando raramente. Aggiungere i pomodori, i ceci, l'origano e il pepe nero. Cuocere a fuoco lento per 12 minuti, mescolando irregolarmente.

Utilizzando una casseruola profonda, iniziare a stratificare, iniziando con le melanzane e poi la salsa. Ripetere fino a quando tutti gli ingredienti sono stati utilizzati. Cuocere in forno per 20 minuti. Togliere dal forno e servire tiepido.

Nutrizione (per 100 g): 262 calorie 11 g grassi 35 g carboidrati 8 g proteine 723 mg sodio

Foglie di vite ripiene di verdure

Tempo di preparazione: 50 minuti.

È ora di cucinare: 45 minuti

Porzioni: 8

Livello di difficoltà: medio

Ingredienti:

- 2 tazze di riso bianco, sciacquato
- 2 pomodori grandi, tritati finemente
- 1 cipolla grande, tritata finemente
- 1 cipolla verde tritata finemente
- 1 tazza di prezzemolo fresco italiano, tritato finemente
- 3 spicchi d'aglio, tritati
- 2½ cucchiaini di sale
- ½ cucchiaino di pepe nero appena macinato
- 1 barattolo (16 once) di foglie di vite
- 1 tazza di succo di limone
- ½ bicchiere di olio extra vergine di oliva
- Da 4 a 6 tazze d'acqua

Indirizzi:

Unisci riso, pomodori, cipolla, cipolla verde, prezzemolo, aglio, sale e pepe nero. Scolare e sciacquare le foglie di vite. Preparare una pentola capiente disponendo sul fondo uno strato di foglie di vite. Appiattire ogni foglia e tagliare i gambi.

Metti 2 cucchiai di composto di riso alla base di ogni foglia. Piegare i lati, quindi arrotolare il più stretto possibile. Metti le foglie di vite arrotolate nella pentola, allineando ciascuna foglia di vite arrotolata. Continua a sovrapporre le foglie di vite arrotolate.

Versare delicatamente il succo di limone e l'olio d'oliva sulle foglie d'uva e aggiungere abbastanza acqua solo per coprire le foglie d'uva di 1 pollice. Metti un piatto pesante, più piccolo dell'apertura della pentola, capovolto sulle foglie di vite. Coprite la pentola e fate cuocere le foglie a fuoco medio-basso per 45 minuti. Lasciare riposare per 20 minuti prima di servire. Servire caldo o freddo.

Nutrizione (per 100 g): 532 calorie 15 g grassi 80 g carboidrati 12 g proteine 904 mg sodio

Involtini di melanzane grigliate

Tempo di preparazione: 30 minuti.
È ora di cucinare: 10 minuti
Porzioni: 6
Livello di difficoltà: medio

Ingredienti:

- 2 melanzane grandi
- 1 cucchiaino di sale
- 4 once di formaggio di capra
- 1 tazza di ricotta
- ¼ tazza di basilico fresco, tritato finemente
- ½ cucchiaino di pepe nero appena macinato
- olio d'oliva spray

Indirizzi:

Eliminate la calotta superiore delle melanzane e tagliatele nel senso della lunghezza a fette spesse circa mezzo centimetro. Cospargete le fette con il sale e mettete le melanzane in uno scolapasta per 15-20 minuti.

Mantecare il formaggio caprino, la ricotta, il basilico e il pepe. Preriscaldare una griglia, una padella o una padella leggermente unta a fuoco medio. Asciugare le fette di melanzana e irrorarle leggermente con olio d'oliva spray. Disporre le melanzane sulla griglia, sulla padella o sulla padella e cuocere per 3 minuti su ciascun lato.

Togliete le melanzane dal fuoco e lasciatele raffreddare per 5 minuti. Per arrotolare, adagiare una fetta di melanzana piatta, mettere un cucchiaio di composto di formaggio sulla base della fetta e arrotolare. Servire immediatamente o raffreddare fino al momento di servire.

Nutrizione (per 100 g): 255 calorie 7 g grassi 19 g carboidrati 15 g proteine 793 mg sodio

Frittelle Di Zucchine Croccanti

Tempo di preparazione: 15 minuti.

È ora di cucinare: 20 minuti

Porzioni: 6

Livello di difficoltà: Facile

Ingredienti:

- 2 zucchine verdi grandi
- 2 cucchiai di prezzemolo italiano, tritato finemente
- 3 spicchi d'aglio, tritati
- 1 cucchiaino di sale
- 1 tazza di farina
- 1 uovo grande, sbattuto
- ½ tazza d'acqua
- 1 cucchiaino di lievito in polvere
- 3 tazze di olio vegetale o di avocado

Indirizzi:

Grattugiare le zucchine in una ciotola capiente. Aggiungere nella ciotola il prezzemolo, l'aglio, il sale, la farina, l'uovo, l'acqua e il lievito e mescolare per amalgamare. In una pentola capiente o in una friggitrice a fuoco medio, scaldare l'olio a 180 °C.

Immergere l'impasto delle frittelle nell'olio caldo a cucchiaiate. Girare le frittelle con una schiumarola e friggerle fino a doratura, da 2 a 3 minuti. Scolate le frittelle dall'olio e disponetele su un piatto rivestito con carta assorbente. Servire caldo con Tzatziki cremoso o Hummus cremoso tradizionale come salsa.

Nutrizione (per 100 g): 446 calorie 2 g grassi 19 g carboidrati 5 g proteine 812 mg sodio

Tortini di spinaci con formaggio

Tempo di preparazione: 20 minuti.

È ora di cucinare: 40 minuti

Porzioni: 8

Livello di difficoltà: Difficile

Ingredienti:

- 2 cucchiai di olio extra vergine di oliva
- 1 cipolla grande tritata
- 2 spicchi d'aglio, tritati
- 3 sacchetti (1 libbra) di spinaci novelli, lavati
- 1 tazza di formaggio feta
- 1 uovo grande, sbattuto
- fogli di pasta sfoglia

Indirizzi:

Preriscalda il forno a 375 ° F. Scaldare l'olio d'oliva, la cipolla e l'aglio per 3 minuti. Aggiungi gli spinaci nella padella una busta alla volta, lasciandoli appassire tra una busta e l'altra. Mescolare con le pinze. Cuocere per 4 minuti. Una volta cotti gli spinaci, scolate il liquido in eccesso dalla padella.

In una ciotola capiente, mescolare insieme la feta, l'uovo e gli spinaci cotti. Disporre la pasta sfoglia su un bancone. Tagliare l'impasto in quadrati da 3 pollici. Mettete un cucchiaio del composto di spinaci al centro di un quadrato di pasta sfoglia. Piega un angolo del quadrato verso l'angolo diagonale, formando un triangolo. Chiudete i bordi della torta premendo con i rebbi di una forchetta per sigillarla. Ripeti fino a riempire tutti i quadrati.

Disporre le torte su una teglia rivestita di carta da forno e cuocere in forno per 25-30 minuti o fino a doratura. Servire caldo oa temperatura ambiente.

Nutrizione (per 100 g): 503 calorie 6 g grassi 38 g carboidrati 16 g proteine 836 mg sodio

Morsi di cetriolo

Tempo di preparazione: 5 minuti.

È ora di cucinare: 0 minuti

Porzioni: 12

Livello di difficoltà: Facile

Ingredienti:

- 1 cetriolo affettato
- 8 fette di pane integrale
- 2 cucchiai di crema di formaggio, morbida
- 1 cucchiaio di erba cipollina tritata
- ¼ tazza di avocado, sbucciato, snocciolato e schiacciato
- 1 cucchiaino di senape
- Sale e pepe nero a piacere

Indirizzi:

Distribuite la purea di avocado su ogni fetta di pane, distribuite anche il resto degli ingredienti tranne le fette di cetriolo.

Dividete le fette di cetriolo sulle fette di pane, tagliate ogni fetta in terzi, disponetele su un piatto da portata e servite come antipasto.

Nutrizione (per 100 g): 187 calorie 12,4 g grassi 4,5 g carboidrati 8,2 g proteine 736 mg sodio

salsa allo yogurt

Tempo di preparazione: 10 minuti.

È ora di cucinare: 0 minuti

Porzioni: 6

Livello di difficoltà: Facile

Ingredienti:

- 2 tazze di yogurt greco
- 2 cucchiai di pistacchi tostati e tritati
- Un pizzico di sale e pepe bianco.
- 2 cucchiai di menta tritata
- 1 cucchiaio di olive Kalamata, snocciolate e tritate
- ¼ di tazza di spezie zaatar
- ¼ di tazza di semi di melograno
- 1/3 di tazza di olio d'oliva

Indirizzi:

Mescolare lo yogurt con i pistacchi e il resto degli ingredienti, sbattere bene, dividere in coppette e servire con le chips di pita a parte.

Nutrizione (per 100 g): 294 calorie 18 g grassi 2 g carboidrati 10 g proteine 593 mg sodio

bruchette al pomodoro

Tempo di preparazione: 10 minuti.

È ora di cucinare: 10 minuti

Porzioni: 6

Livello di difficoltà: Facile

Ingredienti:

- 1 baguette, affettata
- 1/3 tazza di basilico tritato
- 6 pomodori, a cubetti
- 2 spicchi d'aglio, tritati
- Un pizzico di sale e pepe nero.
- 1 cucchiaino di olio d'oliva
- 1 cucchiaio di aceto balsamico
- ½ cucchiaino di aglio in polvere
- spray da cucina

Indirizzi:

Disporre le fette di baguette su una teglia rivestita di carta da forno, ungerla con spray da cucina. Cuocere per 10 minuti a 400 gradi.

Unisci i pomodori con il basilico e il resto degli ingredienti, mescola bene e lascia riposare per 10 minuti. Dividete il composto di pomodoro su ogni fetta di baguette, disponetela tutta su un piatto da portata e servite.

Nutrizione (per 100 g): 162 calorie 4 g grassi 29 g carboidrati 4 g proteine 736 mg sodio

Pomodori Ripieni Di Olive E Formaggio

Tempo di preparazione: 10 minuti.

È ora di cucinare: 0 minuti

Porzioni: 24

Livello di difficoltà: Facile

Ingredienti:

- 24 pomodorini, privati della parte superiore e privati dell'interno
- 2 cucchiai di olio d'oliva
- ¼ di cucchiaino di fiocchi di peperoncino
- ½ tazza di formaggio feta, sbriciolato
- 2 cucchiai di pasta di olive nere
- ¼ di tazza di menta, spezzettata

Indirizzi:

In una ciotola mescolare la pasta di olive con il resto degli ingredienti tranne i pomodorini e sbattere bene. Riempite i pomodorini con questo composto, disponeteli tutti su un piatto da portata e serviteli come antipasto.

Nutrizione (per 100 g): 136 calorie 8,6 g grassi 5,6 g carboidrati 5,1 g proteine 648 mg sodio

Tapenade ai peperoni

Tempo di preparazione: 10 minuti.

È ora di cucinare: 0 minuti

Porzioni: 4

Livello di difficoltà: Facile

Ingredienti:

- 7 once di peperoni rossi arrostiti, tritati
- ½ tazza di parmigiano grattugiato
- 1/3 tazza di prezzemolo tritato
- 14 once di carciofi in scatola, scolati e tritati
- 3 cucchiai di olio d'oliva
- ¼ tazza di capperi, scolati
- 1 cucchiaio e ½ di succo di limone
- 2 spicchi d'aglio, tritati

Indirizzi:

Nel frullatore, unisci i peperoni rossi con il parmigiano e il resto degli ingredienti e frulla bene. Dividere in tazze e servire come spuntino.

Nutrizione (per 100 g): 200 calorie 5,6 g di grassi 12,4 g di carboidrati 4,6 g di proteine 736 mg di sodio

Falafel al coriandolo

Tempo di preparazione: 10 minuti.

È ora di cucinare: 10 minuti

Porzioni: 8

Livello di difficoltà: Facile

Ingredienti:

- 1 tazza di ceci in scatola
- 1 mazzetto di foglie di prezzemolo
- 1 cipolla gialla tritata
- 5 spicchi d'aglio, tritati
- 1 cucchiaino di coriandolo macinato
- Un pizzico di sale e pepe nero.
- ¼ di cucchiaino di pepe di cayenna
- ¼ cucchiaino di bicarbonato di sodio
- ¼ di cucchiaino di cumino in polvere
- 1 cucchiaino di succo di limone.
- 3 cucchiai di farina di tapioca
- Olio d'oliva per friggere

Indirizzi:

Nel robot da cucina, unisci i fagioli con il prezzemolo, la cipolla e il resto degli ingredienti tranne l'olio e la farina e mescola bene. Trasferire il composto in una ciotola, aggiungere la farina, mescolare bene, formare con questo composto 16 palline e appiattirle un po'.

Preriscaldare la padella a fuoco medio-alto, aggiungere i falafel, cuocerli per 5 minuti su entrambi i lati, adagiarli su carta assorbente, scolare il grasso in eccesso, disporli su un piatto da portata e servire come antipasto.

Nutrizione (per 100 g): 122 calorie 6,2 g grassi 12,3 g carboidrati 3,1 g proteine 699 mg sodio

Hummus di peperoni rossi

Tempo di preparazione: 10 minuti.

È ora di cucinare: 0 minuti

Porzioni: 6

Livello di difficoltà: Facile

Ingredienti:

- 6 once di peperoni rossi arrostiti, sbucciati e tritati
- 16 once di ceci in scatola, scolati e sciacquati
- ¼ di tazza di yogurt greco
- 3 cucchiai di pasta tahina
- Succo di 1 limone
- 3 spicchi d'aglio, tritati
- 1 cucchiaio di olio d'oliva
- Un pizzico di sale e pepe nero.
- 1 cucchiaio di prezzemolo tritato

Indirizzi:

Nel robot da cucina, unisci i peperoni rossi con il resto degli ingredienti tranne l'olio e il prezzemolo e frulla bene. Aggiungere l'olio, frullare ancora, dividere in coppe, cospargere il prezzemolo e servire come crema spalmabile per le feste.

Nutrizione (per 100 g): 255 calorie 11,4 g grassi 17,4 g carboidrati 6,5 g proteine 593 mg sodio

Salsa di fagioli bianchi

Tempo di preparazione: 10 minuti.
È ora di cucinare: 0 minuti
Porzioni: 4
Livello di difficoltà: Facile

Ingredienti:

- 15 once di fagioli marini in scatola, scolati e sciacquati
- 6 once di cuori di carciofo in scatola, scolati e tagliati in quarti
- 4 spicchi d'aglio, tritati
- 1 cucchiaio di basilico tritato
- 2 cucchiai di olio d'oliva
- Succo di ½ limone
- Scorza di ½ limone grattugiata
- Sale e pepe nero a piacere

Indirizzi:

Nel robot da cucina, unisci i fagioli con i carciofi e il resto degli ingredienti tranne l'olio e frulla bene. Aggiungere gradualmente l'olio, frullare nuovamente il composto, dividere in tazze e servire come salsa per le feste.

Nutrizione (per 100 g): 27 calorie 11,7 g grassi 18,5 g carboidrati 16,5 g proteine 668 mg sodio

Hummus con agnello macinato

Tempo di preparazione: 10 minuti.

È ora di cucinare: 15 minuti

Porzioni: 8

Livello di difficoltà: Facile

Ingredienti:

- 10 once di hummus
- 12 once di agnello macinato
- ½ tazza di semi di melograno
- ¼ di tazza di prezzemolo tritato
- 1 cucchiaio di olio d'oliva
- Patatine pita per servire

Indirizzi:

Preriscaldare la padella a fuoco medio-alto, cuocere la carne e scottarla per 15 minuti, mescolando spesso. Distribuire l'hummus su un piatto da portata, cospargere l'agnello macinato dappertutto, cospargere con i semi di melograno e il prezzemolo e servire con patatine pita come spuntino.

Nutrizione (per 100 g): 133 calorie 9,7 g grassi 6,4 g carboidrati 5,4 g proteine 659 mg sodio

Salsa di melanzane

Tempo di preparazione: 10 minuti.

È ora di cucinare: 40 minuti

Porzioni: 4

Livello di difficoltà: Facile

Ingredienti:

- 1 melanzana, tagliata con una forchetta
- 2 cucchiai di pasta tahina
- 2 cucchiai di succo di limone
- 2 spicchi d'aglio, tritati
- 1 cucchiaio di olio d'oliva
- Sale e pepe nero a piacere
- 1 cucchiaio di prezzemolo tritato

Indirizzi:

Metti le melanzane in una teglia, inforna a 400 gradi F per 40 minuti, raffredda, sbuccia e trasferisci nel robot da cucina. Frullare il resto degli ingredienti tranne il prezzemolo, frullare bene, dividere in piccole ciotoline e servire come antipasto spolverando sopra il prezzemolo.

Nutrizione (per 100 g): 121 calorie 4,3 g di grassi 1,4 g di carboidrati 4,3 g di proteine 639 mg di sodio

Frittelle di verdure

Tempo di preparazione: 10 minuti.

È ora di cucinare: 10 minuti

Porzioni: 8

Livello di difficoltà: Facile

Ingredienti:

- 2 spicchi d'aglio, tritati
- 2 cipolle gialle, tritate
- 4 erba cipollina tritata
- 2 carote grattugiate
- 2 cucchiaini di cumino macinato
- ½ cucchiaino di curcuma in polvere
- Sale e pepe nero a piacere
- ¼ di cucchiaino di coriandolo macinato
- 2 cucchiai di prezzemolo tritato
- ¼ cucchiaino di succo di limone
- ½ tazza di farina di mandorle
- 2 barbabietole, sbucciate e grattugiate
- 2 uova sbattute
- ¼ di tazza di farina di tapioca
- 3 cucchiai di olio d'oliva

Indirizzi:

In una ciotola unire l'aglio con la cipolla, l'erba cipollina e il resto degli ingredienti tranne l'olio, mescolare bene e formare con questo composto delle frittelle medie.

Preriscaldare la padella a fuoco medio-alto, adagiare le frittelle, cuocerle 5 minuti per lato, disporle su un piatto da portata e servire.

Nutrizione (per 100 g): 209 calorie 11,2 g grassi 4,4 g carboidrati 4,8 g proteine 726 mg di sodio

Polpette Di Agnello Bulgur

Tempo di preparazione: 10 minuti.

È ora di cucinare: 15 minuti

Porzioni: 6

Livello di difficoltà: Facile

Ingredienti:

- 1 tazza e ½ di yogurt greco
- ½ cucchiaino di cumino, macinato
- 1 tazza di cetriolo, grattugiato
- ½ cucchiaino di aglio tritato
- Un pizzico di sale e pepe nero.
- 1 tazza di bulgur
- 2 tazze d'acqua
- 1 libbra di agnello, macinato
- ¼ di tazza di prezzemolo tritato
- ¼ di tazza di scalogno tritato
- ½ cucchiaino di pimento, macinato
- ½ cucchiaino di cannella in polvere
- 1 cucchiaio di olio d'oliva

Indirizzi:

Mescolare il bulgur con l'acqua, coprire la ciotola, lasciarlo riposare per 10 minuti, scolarlo e trasferirlo in una ciotola. Aggiungete la carne, lo yogurt e il resto degli ingredienti tranne l'olio, mescolate bene e formate con questo composto delle polpette medie. Preriscaldare la padella a fuoco medio-alto, adagiare le polpette, cuocerle per 7 minuti per lato, disporle tutte su un piatto da portata e servirle come antipasto.

Nutrizione (per 100 g): 300 calorie 9,6 g Grassi 22,6 g Carboidrati 6,6 g Proteine 644 mg Sodio

Morsi di cetriolo

Tempo di preparazione: 10 minuti.

È ora di cucinare: 0 minuti

Porzioni: 12

Livello di difficoltà: Facile

Ingredienti:

- 1 cetriolo inglese, tagliato in 32 fette
- 10 once di hummus
- 16 pomodorini, tagliati a metà
- 1 cucchiaio di prezzemolo tritato
- 1 oncia di formaggio feta, sbriciolato

Indirizzi:

Distribuire l'hummus su ogni rondella di cetriolo, dividere tra loro le metà del pomodoro, cospargere con formaggio e prezzemolo e servire come antipasto.

Nutrizione (per 100 g): 162 calorie 3,4 g grassi 6,4 g carboidrati 2,4 g proteine 702 mg sodio

Avocado ripieno

Tempo di preparazione: 10 minuti.

È ora di cucinare: 0 minuti

Porzioni: 2

Livello di difficoltà: Facile

Ingredienti:

- 1 avocado, tagliato a metà e snocciolato
- 10 once di tonno in scatola, sgocciolato
- 2 cucchiai di pomodori secchi, tritati
- 1 cucchiaio e ½ di pesto al basilico
- 2 cucchiai di olive nere snocciolate e tritate
- Sale e pepe nero a piacere
- 2 cucchiaini di pinoli tostati e tritati
- 1 cucchiaio di basilico tritato

Indirizzi:

Amalgamate il tonno con i pomodori secchi e il resto degli ingredienti tranne l'avocado e mescolate. Riempire le metà dell'avocado con il composto di tonno e servire come antipasto.

Nutrizione (per 100 g): 233 calorie 9 g grassi 11,4 g carboidrati 5,6 g proteine 735 mg sodio

Prugne avvolte

Tempo di preparazione: 5 minuti.

È ora di cucinare: 0 minuti

Porzioni: 8

Livello di difficoltà: Facile

Ingredienti:

- 2 once di prosciutto, tagliato in 16 pezzi
- 4 prugne, tagliate in quarti
- 1 cucchiaio di erba cipollina tritata
- Pizzico di scaglie di peperoncino tritato

Indirizzi:

Avvolgere ogni quarto di prugna in una fetta di prosciutto, disporli tutti su un piatto da portata, cospargere gli scalogni e le scaglie di pepe dappertutto e servire.

Nutrizione (per 100 g): 30 calorie 1 g di grassi 4 g di carboidrati 2 g di proteine 439 mg di sodio

Feta marinata e carciofi

Tempo di preparazione: 10 minuti, più 4 ore di inattività
È ora di cucinare: 10 minuti
Porzioni: 2
Livello di difficoltà: Facile

Ingredienti:

- 4 once di formaggio feta greco tradizionale, tagliato a cubetti da ½ pollice
- 4 once di cuori di carciofo sgocciolati, tagliati in quarti nel senso della lunghezza
- 1/3 di tazza di olio extra vergine di oliva
- Scorza e succo di 1 limone
- 2 cucchiai di rosmarino fresco tritato grossolanamente
- 2 cucchiai di prezzemolo fresco tritato
- ½ cucchiaino di pepe nero in grani

Indirizzi:

In una ciotola di vetro unire la feta e i cuori di carciofi. Aggiungere l'olio d'oliva, la scorza e il succo di limone, il rosmarino, il prezzemolo e i grani di pepe e mescolare delicatamente per ricoprire, facendo attenzione a non sbriciolare la feta.

Lasciare raffreddare per 4 ore o fino a 4 giorni. Togliere dal frigorifero 30 minuti prima di servire.

Nutrizione (per 100 g): 235 calorie 23 g grassi 1 g carboidrati 4 g proteine 714 mg sodio

Crocchette di tonno

Tempo di preparazione: 40 minuti, più ore notturne per rinfrescarsi

È ora di cucinare: 25 minuti

Porzioni: 36

Livello di difficoltà: Difficile

Ingredienti:

- 6 cucchiai di olio extra vergine di oliva, più 1 o 2 tazze
- 5 cucchiai di farina di mandorle, più 1 tazza, divisa
- 1 tazza e ¼ di panna
- 1 lattina (4 once) di tonno pinna gialla confezionato in olio d'oliva
- 1 cucchiaio di cipolla rossa tritata
- 2 cucchiaini di capperi tritati
- ½ cucchiaino di aneto essiccato
- ¼ di cucchiaino di pepe nero appena macinato
- 2 uova grandi
- 1 tazza di pangrattato panko (o una versione senza glutine)

Indirizzi:

In una padella capiente, scaldare 6 cucchiai di olio d'oliva a fuoco medio-basso. Aggiungere 5 cucchiai di farina di mandorle e cuocere, mescolando continuamente, fino a quando si forma una pasta liscia e la farina diventa leggermente dorata, da 2 a 3 minuti.

Seleziona il fuoco su medio-alto e aggiungi gradualmente la panna, sbattendo costantemente fino a ottenere un composto liscio e denso, altri 4-5 minuti. Togliere e aggiungere il tonno, la cipolla rossa, i capperi, l'aneto e il pepe.

Trasferire il composto in una teglia quadrata da 8 pollici ben ricoperta di olio d'oliva e mettere da parte a temperatura ambiente. Avvolgere e raffreddare per 4 ore o fino a una notte. Per formare le crocchette disporre tre ciotole. In uno, sbatti le uova. In un altro aggiungete la restante farina di mandorle. Nel terzo aggiungete il panko. Foderare una teglia con carta da forno.

Versare un cucchiaio di impasto impastato a freddo nel composto di farina e arrotolare per ricoprire. Eliminare l'eccesso e, con l'aiuto delle mani, arrotolarlo dandogli una forma ovale.

Immergere la crocchetta nell'uovo sbattuto, quindi ricoprirla leggermente con il panko. Disporre su una teglia foderata e ripetere l'operazione con l'impasto rimanente.

In una piccola casseruola, scaldare le restanti 1 o 2 tazze di olio d'oliva a fuoco medio-alto.

Una volta riscaldato l'olio, friggete le crocchette 3 o 4 alla volta, a seconda della grandezza della vostra padella, togliendole con una schiumarola quando saranno dorate. Sarà necessario regolare di tanto in tanto la temperatura dell'olio per evitare che si bruci. Se le crocchette si scuriscono troppo velocemente, abbassare la temperatura.

Nutrizione (per 100 g): 245 calorie 22 g grassi 1 g carboidrati 6 g proteine 801 mg sodio

Crudité di salmone affumicato

Tempo di preparazione: 10 minuti.

È ora di cucinare: 15 minuti

Porzioni: 4

Livello di difficoltà: Facile

Ingredienti:

- 6 once di salmone affumicato selvatico
- 2 cucchiai di salsa aioli all'aglio arrostito
- 1 cucchiaio di senape di Digione
- 1 cucchiaio di scalogno tritato, solo le parti verdi
- 2 cucchiaini di capperi tritati
- ½ cucchiaino di aneto essiccato
- 4 lance di scarola o cuori di lattuga romana
- ½ cetriolo inglese, tagliato a fette spesse ¼ di pollice

Indirizzi:

Tagliare il salmone affumicato a pezzi grossi e trasferirlo in una piccola ciotola. Aggiungere l'aioli, il Digione, l'erba cipollina, i capperi e l'aneto e mescolare bene. Condire i gambi dell'indivia e le fette di cetriolo con un cucchiaio del composto di salmone affumicato e gustare freddo.

Nutrizione (per 100 g): 92 calorie 5 g grassi 1 g carboidrati 9 g proteine 714 mg sodio

Olive marinate agli agrumi

Tempo di preparazione: 4 ore.

È ora di cucinare: 0 minuti

Porzioni: 2

Livello di difficoltà: Facile

Ingredienti:

- 2 tazze di olive verdi miste snocciolate
- ¼ di tazza di aceto di vino rosso
- ¼ di tazza di olio extra vergine di oliva
- 4 spicchi d'aglio tritati finemente
- Scorza e succo di 1 arancia grande
- 1 cucchiaino di fiocchi di peperoncino
- 2 foglie di alloro
- ½ cucchiaino di cumino macinato
- ½ cucchiaino di pimento macinato

Indirizzi:

Aggiungere le olive, l'aceto, l'olio, l'aglio, la scorza e il succo dell'arancia, il peperoncino in scaglie, l'alloro, il cumino e il pimento e mescolare bene. Sigillare e raffreddare per 4 ore o fino a una settimana per consentire alle olive di marinare, mescolando nuovamente prima di servire.

Nutrizione (per 100 g): 133 calorie 14 g grassi 2 g carboidrati 1 g proteine 714 mg sodio

Tapenade di olive con acciughe

Tempo di preparazione: 1 ora e 10 minuti

È ora di cucinare: 0 minuti

Porzioni: 2

Livello di difficoltà: medio

Ingredienti:

- 2 tazze di olive Kalamata snocciolate o altre olive nere
- 2 filetti di acciughe tritati
- 2 cucchiaini di capperi tritati
- 1 spicchio d'aglio tritato finemente
- 1 tuorlo d'uovo cotto
- 1 cucchiaino di senape di Digione
- ¼ di tazza di olio extra vergine di oliva
- Crackers con semi, snack rotondi versatili o verdure, da servire (facoltativo)

Indirizzi:

Sciacquare le olive in acqua fredda e scolarle bene. In un robot da cucina, un frullatore o una brocca grande (se si utilizza un frullatore ad immersione) posizionare le olive sgocciolate, le acciughe, i capperi, l'aglio, il tuorlo d'uovo e il Digione. Lavorare fino a formare una pasta densa. Mentre si corre, aggiungere gradualmente l'olio d'oliva.

Mettere in una piccola ciotola, coprire e conservare in frigorifero per almeno 1 ora per far sviluppare i sapori. Servire con cracker con semi, sopra un versatile spuntino rotondo o con le tue verdure croccanti preferite.

Nutrizione (per 100 g): 179 calorie 19 g grassi 2 g carboidrati 2 g proteine 82 mg sodio

Uova alla diavola greche

Tempo di preparazione: 45 minuti.

È ora di cucinare: 15 minuti

Porzioni: 4

Livello di difficoltà: Facile

Ingredienti:

- 4 grandi uova sode
- 2 cucchiai di salsa aioli all'aglio arrostito
- ½ tazza di formaggio feta finemente sbriciolato
- 8 olive Kalamata snocciolate, tritate finemente
- 2 cucchiai di pomodori secchi tritati
- 1 cucchiaio di cipolla rossa tritata
- ½ cucchiaino di aneto essiccato
- ¼ di cucchiaino di pepe nero appena macinato

Indirizzi:

Tagliare le uova sode a metà nel senso della lunghezza, rimuovere i tuorli e metterli in una ciotola media. Prenota le metà dell'albume e mettile da parte. Schiacciare bene i tuorli con una forchetta. Aggiungere l'aioli, il formaggio feta, le olive, i pomodori secchi, la cipolla, l'aneto e il pepe e mescolare fino ad ottenere un composto liscio e cremoso.

Versare il ripieno in ciascuna metà dell'albume e lasciare raffreddare per 30 minuti o fino a 24 ore, coperto.

Nutrizione (per 100 g): 147 calorie 11 g grassi 6 g carboidrati 9 g proteine 736 mg sodio

Biscotti Manchega

Tempo di preparazione: 1 ora e 15 minuti
È ora di cucinare: 15 minuti
Porzioni: 20
Livello di difficoltà: Difficile

Ingredienti:

- 4 cucchiai di burro, a temperatura ambiente
- 1 tazza di formaggio Manchego grattugiato finemente
- 1 tazza di farina di mandorle
- 1 cucchiaino di sale, diviso
- ¼ di cucchiaino di pepe nero appena macinato
- 1 uovo grande

Indirizzi:

Utilizzando uno sbattitore elettrico, sbattere il burro e il formaggio grattugiato fino ad ottenere un composto ben amalgamato e omogeneo. Aggiungere la farina di mandorle con ½ cucchiaino di sale e pepe. Aggiungere gradualmente il composto di farina di mandorle al formaggio, mescolando continuamente fino a quando l'impasto si unirà per formare una palla.

Stendere un pezzo di pergamena o pellicola trasparente e arrotolarlo in un tronco cilindrico spesso circa 1 pollice e mezzo. Sigillare bene e poi congelare per almeno 1 ora. Preriscalda il forno a 350 ° F. Posizionare la carta pergamena o i tappetini in silicone su 2 teglie.

Per preparare l'uovo, sbatti insieme l'uovo e il rimanente ½ cucchiaino di sale. Tagliare l'impasto refrigerato in piccole fette, spesse circa ¼ di pollice, e posizionarle sulle teglie foderate.

Lavare con l'uovo la parte superiore dei biscotti e cuocere fino a quando i biscotti saranno dorati e croccanti. Posizionare su una griglia di raffreddamento.

Servire caldo o, una volta completamente raffreddato, conservare in frigorifero in un contenitore ermetico per un massimo di 1 settimana.

Nutrizione (per 100 g): 243 calorie 23 g grassi 1 g carboidrati 8 g proteine 804 mg sodio

Pila di burrata caprese

Tempo di preparazione: 5 minuti.

È ora di cucinare: 0 minuti

Porzioni: 4

Livello di difficoltà: Facile

Ingredienti:

- 1 pomodoro biologico grande, preferibilmente di famiglia
- ½ cucchiaino di sale
- ¼ di cucchiaino di pepe nero appena macinato
- 1 palla (4 once) di burrata
- 8 foglie di basilico fresco, affettate sottilmente
- 2 cucchiai di olio extra vergine di oliva
- 1 cucchiaio di vino rosso o aceto balsamico

Indirizzi:

Tagliare il pomodoro in 4 fette spesse, privare la parte centrale dura e cospargere di sale e pepe. Disporre i pomodori, con il lato condito rivolto verso l'alto, su un piatto. Su un piatto con bordi separati, tagliare la burrata in 4 fette spesse e posizionarne una sopra ciascuna fetta di pomodoro. Ricoprire ciascuna con un quarto di basilico e versare sopra la crema di burrata messa da parte dal piatto bordato.

Condire con olio e aceto e servire con forchetta e coltello.

Nutrizione (per 100 g): 153 calorie 13 g grassi 1 g carboidrati 7 g proteine 633 mg sodio

Frittelle di zucchine e ricotta con salsa aioli all'aglio e limone

Tempo di preparazione: 10 minuti, più 20 minuti di riposo
È ora di cucinare: 25 minuti
Porzioni: 4
Livello di difficoltà: Difficile

Ingredienti:

- 1 zucchina grande o 2 piccole/medie
- 1 cucchiaino di sale, diviso
- ½ tazza di ricotta intera
- 2 erba cipollina
- 1 uovo grande
- 2 spicchi d'aglio tritati finemente
- 2 cucchiai di menta fresca tritata (facoltativo)
- 2 cucchiaini di scorza di limone
- ¼ di cucchiaino di pepe nero appena macinato
- ½ tazza di farina di mandorle
- 1 cucchiaino di lievito in polvere
- 8 cucchiai di olio extra vergine di oliva
- 8 cucchiai di salsa aioli all'aglio arrostito o maionese all'olio di avocado

Indirizzi:

Metti le zucchine grattugiate in uno scolapasta o su diversi strati di carta assorbente. Cospargere con ½ cucchiaino di sale e lasciare riposare per 10 minuti. Utilizzando un altro strato di carta assorbente, premere le zucchine per eliminare l'umidità in eccesso e asciugarle. Incorporare le zucchine sgocciolate, la ricotta, gli scalogni, l'uovo, l'aglio, la menta (se utilizzata), la scorza di limone, il restante ½ cucchiaino di sale e il pepe.

Sbattere insieme la farina di mandorle e il lievito. Piegare il composto di farina nel composto di zucchine e lasciare riposare per 10 minuti. In una padella capiente, lavorando in quattro riprese, friggere le frittelle. Per ogni lotto di quattro, scalda 2 cucchiai di olio d'oliva a fuoco medio-alto. Aggiungere 1 cucchiaio colmo di pastella di zucchine per frittella, premendo con il dorso di un cucchiaio per formare frittelle da 2 a 3 pollici. Coprite e lasciate soffriggere per 2 minuti prima di girare. Friggere altri 2 o 3 minuti, coperti o fino a quando diventano croccanti, dorati e cotti. Potrebbe essere necessario ridurre la fiamma a una temperatura media per evitare che si bruci. Togliere dalla padella e tenere in caldo.

Ripetere l'operazione per i restanti tre lotti, utilizzando 2 cucchiai di olio d'oliva per ogni lotto. Servire le frittelle calde con aioli.

Nutrizione (per 100 g): 448 calorie 42 g grassi 2 g carboidrati 8 g proteine 744 mg sodio

Cetrioli Ripieni Di Salmone

Tempo di preparazione: 10 minuti.

È ora di cucinare: 0 minuti

Porzioni: 4

Livello di difficoltà: Facile

Ingredienti:

- 2 cetrioli grandi, sbucciati
- 1 lattina (4 once) di salmone rosso
- 1 avocado medio molto maturo
- 1 cucchiaio di olio extra vergine di oliva
- Scorza e succo di 1 lime
- 3 cucchiai di coriandolo fresco tritato
- ½ cucchiaino di sale
- ¼ di cucchiaino di pepe nero appena macinato

Indirizzi:

Tagliare il cetriolo a spicchi spessi 1 pollice e, con l'aiuto di un cucchiaio, raschiare i semi dal centro di ogni spicchio e posizionarli su un piatto. In una ciotola media, unisci il salmone, l'avocado, l'olio d'oliva, la scorza e il succo di lime, il coriandolo, il sale e il pepe e frulla fino a ottenere una crema.

Disporre il composto di salmone al centro di ogni spicchio di cetriolo e servire freddo.

Nutrizione (per 100 g): 159 calorie 11 g grassi 3 g carboidrati 9 g proteine 739 mg sodio

Patè di formaggio di capra e sgombro

Tempo di preparazione: 10 minuti.

È ora di cucinare: 0 minuti

Porzioni: 4

Livello di difficoltà: Facile

Ingredienti:

- 4 once di sgombro selvatico confezionato in olio d'oliva
- 2 once di formaggio di capra
- Scorza e succo di 1 limone
- 2 cucchiai di prezzemolo fresco tritato
- 2 cucchiai di rucola fresca tritata
- 1 cucchiaio di olio extra vergine di oliva
- 2 cucchiaini di capperi tritati
- 1 o 2 cucchiaini di rafano fresco (facoltativo)
- Crackers, fette di cetriolo, indivia o sedano, per servire (facoltativo)

Indirizzi:

In un robot da cucina, in un frullatore o in una ciotola capiente con un frullatore ad immersione, unisci lo sgombro, il formaggio di capra, la scorza e il succo di limone, il prezzemolo, la rucola, l'olio d'oliva, i capperi e il rafano (se lo usi). Lavorare o frullare fino a ottenere un composto liscio e cremoso.

Servire con cracker, fette di cetriolo, indivia o sedano. Sigillare, coperto, in frigorifero per un massimo di 1 settimana.

Nutrizione (per 100 g): 118 calorie 8 g grassi 6 g carboidrati 9 g proteine 639 mg sodio

Sapore di bombe di grasso mediterranee

Tempo di preparazione: 4 ore e 15 minuti
È ora di cucinare: 0 minuti
Porzioni: 6
Livello di difficoltà: medio

Ingredienti:

- 1 tazza di formaggio di capra sbriciolato
- 4 cucchiai di pesto in un barattolo
- 12 olive Kalamata snocciolate, tritate finemente
- ½ tazza di noci tritate finemente
- 1 cucchiaio di rosmarino fresco tritato

Indirizzi:

In una ciotola media, sbattere il formaggio di capra, il pesto e le olive e mescolare bene con una forchetta. Congelare per 4 ore per indurire.

Usando le mani, crea con il composto 6 palline, di circa ¾ pollici di diametro. Il composto risulterà appiccicoso.

In una piccola ciotola, mettete le noci e il rosmarino e fate rotolare le palline di formaggio di capra nel composto di noci per ricoprirle. Conserva le bombe grasse in frigorifero per un massimo di 1 settimana o nel congelatore per un massimo di 1 mese.

Nutrizione (per 100 g): 166 calorie 15 g grassi 1 g carboidrati 5 g proteine 736 mg sodio

Gazpacho di avocado

Tempo di preparazione: 15 minuti.

È ora di cucinare: 10 minuti

Porzioni: 4

Livello di difficoltà: Facile

Ingredienti:

- 2 tazze di pomodori tritati
- 2 grandi avocado maturi, tagliati a metà e snocciolati
- 1 cetriolo grande, sbucciato e senza semi
- 1 peperone medio (rosso, arancione o giallo), tritato
- 1 tazza di yogurt greco intero a latte intero
- ¼ di tazza di olio extra vergine di oliva
- ¼ tazza di coriandolo fresco tritato
- ¼ di tazza di scalogno tritato, solo la parte verde
- 2 cucchiai di aceto di vino rosso
- Succo di 2 lime o 1 limone
- Da ½ a 1 cucchiaino di sale
- ¼ di cucchiaino di pepe nero appena macinato

Indirizzi:

Usando un frullatore ad immersione, unisci i pomodori, gli avocado, il cetriolo, il peperone, lo yogurt, l'olio d'oliva, il coriandolo, lo scalogno, l'aceto e il succo di lime. Frullare fino a che liscio.

Salare e mescolare per unire i sapori. Servire freddo.

Nutrizione (per 100 g): 392 calorie 32 g grassi 9 g carboidrati 6 g proteine 694 mg sodio

Tazze di lattuga con torta di granchio

Tempo di preparazione: 35 minuti.

È ora di cucinare: 20 minuti

Porzioni: 4

Livello di difficoltà: medio

Ingredienti:

- Granchio gigante da 1 libbra
- 1 uovo grande
- 6 cucchiai di salsa aioli all'aglio arrostito
- 2 cucchiai di senape di Digione
- ½ tazza di farina di mandorle
- ¼ tazza di cipolla rossa tritata
- 2 cucchiaini di paprika affumicata
- 1 cucchiaino di sale di sedano
- 1 cucchiaino di aglio in polvere
- 1 cucchiaino di aneto essiccato (facoltativo)
- ½ cucchiaino di pepe nero appena macinato
- ¼ di tazza di olio extra vergine di oliva
- 4 foglie grandi di lattuga Bibb, senza lische spesse

Indirizzi:

Mettete la polpa di granchio in una ciotola capiente ed eliminate eventuali gusci visibili, quindi spezzettate la polpa con una forchetta. In una piccola ciotola, sbatti l'uovo, 2 cucchiai di salsa aioli e la senape di Digione. Aggiungere alla polpa di granchio e frullare con una forchetta. Aggiungere la farina di mandorle, la cipolla rossa, la paprika, il sale di sedano, l'aglio in polvere, l'aneto (se utilizzato) e il pepe e unire bene. Lasciare riposare a temperatura ambiente per 10-15 minuti.

Formare 8 piccole tortine, di circa 2 pollici di diametro. Cuocere l'olio d'oliva a fuoco medio-alto. Friggere le torte fino a doratura, 2 o 3 minuti per lato. Avvolgere, abbassare il fuoco al minimo e cuocere per altri 6-8 minuti o finché non si sarà solidificato al centro. Togliere dalla padella.

Per servire, avvolgere 2 piccole tortine di granchio in ciascuna foglia di lattuga e guarnire con 1 cucchiaio di aioli.

Nutrizione (per 100 g): 344 calorie 24 g grassi 2 g carboidrati 24 g proteine 804 mg sodio

Involtino di insalata di pollo al dragoncello e arancia

Tempo di preparazione: 15 minuti.
È ora di cucinare: 0 minuti
Porzioni: 4
Livello di difficoltà: Facile

Ingredienti:

- ½ tazza di yogurt greco intero a latte intero
- 2 cucchiai di senape di Digione
- 2 cucchiai di olio extra vergine di oliva
- 2 cucchiai di dragoncello fresco
- ½ cucchiaino di sale
- ¼ di cucchiaino di pepe nero appena macinato
- 2 tazze di pollo tritato cotto
- ½ tazza di mandorle tritate
- Da 4 a 8 foglie grandi di lattuga Bibb, gambo duro rimosso
- 2 piccoli avocado maturi, sbucciati e tagliati a fettine sottili
- Scorza di 1 clementina o ½ arancia piccola (circa 1 cucchiaio)

Indirizzi:

In una ciotola media, sbatti insieme lo yogurt, la senape, l'olio d'oliva, il dragoncello, la scorza d'arancia, sale e pepe e sbatti fino a ottenere una crema. Aggiungere il pollo grattugiato e le mandorle e mescolare per ricoprire.

Per assemblare gli involtini, posizionare circa ½ tazza del composto di insalata di pollo al centro di ogni foglia di lattuga e guarnire con le fette di avocado.

Nutrizione (per 100 g): 440 calorie 32 g l di grassi 8 g di carboidrati 26 g di proteine 607 mg di sodio

Funghi Ripieni Di Feta E Quinoa

Tempo di preparazione: 5 minuti.

È ora di cucinare: 8 minuti

Porzioni: 6

Livello di difficoltà: medio

Ingredienti:

- 2 cucchiai di peperoncino rosso tritato finemente
- 1 spicchio d'aglio, tritato
- ¼ di tazza di quinoa cotta
- 1/8 cucchiaino di sale
- ¼ cucchiaino di origano secco
- 24 funghi, senza gambo
- 2 once di formaggio feta sbriciolato
- 3 cucchiai di pangrattato integrale
- Olio d'oliva spray per cucinare

Indirizzi:

Preriscalda la friggitrice ad aria a 360 ° F. In una piccola ciotola, mescolare peperone, aglio, quinoa, sale e origano. Versare il ripieno di quinoa nelle cappelle dei funghi fino a riempirle. Aggiungi un pezzetto di formaggio feta sopra ogni fungo. Cospargete un pizzico di pangrattato sopra la feta di ogni fungo.

Rivesti il cestello della friggitrice con spray da cucina, quindi posiziona delicatamente i funghi nel cestello, assicurandoti che non si tocchino tra loro.

Metti il cestello nella friggitrice e inforna per 8 minuti. Togliere dalla friggitrice e servire.

Nutrizione (per 100 g): 97 calorie 4 g grassi 11 g carboidrati 7 g proteine 677 mg sodio

Falafel ai cinque ingredienti con aglio e salsa allo yogurt

Tempo di preparazione: 5 minuti.
È ora di cucinare: 15 minuti
Porzioni: 4
Livello di difficoltà: Difficile

Ingredienti:

- Per i falafel
- 1 lattina (15 once) di ceci, scolati e sciacquati
- ½ tazza di prezzemolo fresco
- 2 spicchi d'aglio, tritati
- ½ cucchiaio di cumino macinato
- 1 cucchiaio di farina integrale
- Sale
- Per la salsa all'aglio e yogurt
- 1 tazza di yogurt greco semplice senza grassi
- 1 spicchio d'aglio, tritato
- 1 cucchiaio di aneto fresco tritato
- 2 cucchiai di succo di limone

Indirizzi:

Per fare i falafel

Preriscalda la friggitrice ad aria a 360 ° F. Metti i ceci in un robot da cucina. Frullare fino a quando non sarà quasi tritato, quindi aggiungere il prezzemolo, l'aglio e il cumino e frullare ancora per qualche minuto, finché gli ingredienti non diventano un impasto.

Aggiungere la farina. Frullare ancora qualche volta finché non viene combinato. L'impasto avrà consistenza, ma i ceci dovranno essere schiacciati in piccoli pezzi. Con le mani pulite, stendete l'impasto in 8 palline di uguali dimensioni, quindi pestate leggermente le palline in modo che diventino dei dischi spessi ½.

Rivesti il cestello della friggitrice con spray da cucina, quindi posiziona gli hamburger di falafel nel cestello in un unico strato, assicurandoti che non si tocchino tra loro. Friggere nella friggitrice per 15 minuti.

Per preparare la salsa all'aglio e yogurt

Mescolare yogurt, aglio, aneto e succo di limone. Una volta che i falafel saranno pronti per la cottura e saranno ben dorati su tutti i lati, toglieteli dalla friggitrice e aggiustate di sale. Servire il lato caldo della salsa.

Nutrizione (per 100 g): 151 calorie 2 g grassi 10 g carboidrati 12 g proteine 698 mg sodio

Gamberetti al limone con olio d'oliva all'aglio

Tempo di preparazione: 5 minuti
È ora di cucinare: 6 minuti
Porzioni: 4
Livello di difficoltà: medio

Ingredienti:

- 1 libbra di gamberi medi, puliti e privi di peli
- ¼ di tazza più 2 cucchiai di olio d'oliva, divisi
- Succo di ½ limone
- 3 spicchi d'aglio, tritati e divisi
- ½ cucchiaino di sale
- ¼ di cucchiaino di fiocchi di peperoncino
- Fette di limone, per servire (facoltativo)
- Salsa marinara, per immersione (facoltativa)

Indirizzi:

Preriscalda la friggitrice ad aria a 180 ° F. Aggiungi i gamberetti con 2 cucchiai di olio d'oliva, succo di limone, 1/3 di aglio tritato, sale e scaglie di peperoncino e copri bene.

In un piccolo stampino, unire il restante ¼ di tazza di olio d'oliva e l'aglio tritato rimanente. Strappare un foglio di foglio di alluminio da 12 "x 12". Posiziona i gamberi al centro della pellicola, quindi piega i lati verso l'alto e piega i bordi in modo da formare una ciotola di pellicola aperta nella parte superiore. Metti questo pacchetto nel cestello della friggitrice ad aria.

Grigliare i gamberi per 4 minuti, poi aprire la friggitrice e posizionare lo stampino con olio e aglio nel cestello accanto alla confezione dei gamberi. Cuocere per altri 2 minuti. Trasferire i gamberi su un piatto da portata o un vassoio con la casseruola di olio d'oliva all'aglio sul lato per intingerli. Se lo si desidera, è possibile servirlo anche con spicchi di limone e salsa marinara.

Nutrizione (per 100 g): 264 calorie 21 g grassi 10 g carboidrati 16 g proteine 473 mg sodio

Patatine croccanti di fagiolini con salsa allo yogurt al limone

Tempo di preparazione: 5 minuti.
È ora di cucinare: 5 minuti
Porzioni: 4
Livello di difficoltà: medio

Ingredienti:

- <u>Per i fagiolini</u>
- 1 uovo
- 2 cucchiai di acqua
- 1 cucchiaio di farina integrale
- ¼ cucchiaino di paprika
- ½ cucchiaino di aglio in polvere
- ½ cucchiaino di sale
- ¼ di tazza di pangrattato integrale
- Mezzo chilo di fagiolini interi
- <u>Per la salsa al limone e yogurt</u>
- ½ tazza di yogurt greco semplice senza grassi
- 1 cucchiaio di succo di limone
- ¼ cucchiaino di sale
- 1/8 cucchiaino di pepe di cayenna

Indirizzo:

Per fare i fagiolini

Preriscaldare la friggitrice ad aria a 380 ° F.

In una ciotola media e poco profonda, unisci l'uovo e l'acqua fino a ottenere una schiuma. In un'altra ciotola media e poco profonda, sbatti insieme la farina, la paprika, l'aglio in polvere e il sale, quindi aggiungi il pangrattato.

Rivesti il fondo della friggitrice con spray da cucina. Immergere ogni fagiolino nel composto di uova, poi nel composto di pangrattato, ricoprendo l'esterno con le briciole. Disponi i fagiolini in un unico strato sul fondo del cestello della friggitrice.

Friggere nella friggitrice per 5 minuti o fino a quando la panatura sarà dorata.

Per preparare la salsa al limone e yogurt

Incorporare lo yogurt, il succo di limone, il sale e il pepe di cayenna. Servire le patatine fritte di fagiolini insieme alla salsa di yogurt al limone come spuntino o antipasto.

Nutrizione (per 100 g): 88 calorie 2 g di grassi 10 g di carboidrati 7 g di proteine 697 mg di sodio

Patatine Pita Al Sale Marino Fatte In Casa

Tempo di preparazione: 2 minuti.

È ora di cucinare: 8 minuti

Porzioni: 2

Livello di difficoltà: Facile

Ingredienti:

- 2 pita integrali
- 1 cucchiaio di olio d'oliva
- ½ cucchiaino di sale kosher

Indirizzi

Preriscalda la friggitrice ad aria a 360 ° F. Taglia ogni pita in 8 spicchi. In una ciotola media, mescolare le fette di pita, l'olio d'oliva e il sale finché le fette non saranno ricoperte e l'olio d'oliva e il sale saranno distribuiti uniformemente.

Metti le fette di pita nel cestello della friggitrice in uno strato uniforme e friggi per 6-8 minuti.

Condire con ulteriore sale, se lo si desidera. Servire da solo o con la salsa preferita.

Nutrizione (per 100 g): 230 calorie 8 g Grassi 11 g Carboidrati 6 g Proteine 810 mg Sodio

Salsa di Spanakopita al forno

Tempo di preparazione: 10 minuti.

È ora di cucinare: 15 minuti

Porzioni: 2

Livello di difficoltà: medio

Ingredienti:

- Olio d'oliva spray per cucinare
- 3 cucchiai di olio d'oliva, divisi
- 2 cucchiai di cipolla bianca tritata
- 2 spicchi d'aglio, tritati
- 4 tazze di spinaci freschi
- 4 once di crema di formaggio, ammorbidita
- 4 once di formaggio feta, diviso
- Scorza di 1 limone
- ¼ cucchiaino di noce moscata macinata
- 1 cucchiaino di aneto essiccato
- ½ cucchiaino di sale
- Patatine di pita, bastoncini di carote o pane a fette per servire (facoltativo)

Indirizzi:

Preriscalda la friggitrice ad aria a 360 ° F. Rivestire l'interno di una teglia da 6 pollici con spray da cucina.

In una padella capiente a fuoco medio, scalda 1 cucchiaio di olio d'oliva. Aggiungere la cipolla, quindi cuocere per 1 minuto. Aggiungere l'aglio e cuocere, mescolando per 1 altro minuto.

Abbassare la fiamma e unire gli spinaci e l'acqua. Cuocere fino a quando gli spinaci saranno appassiti. Togliere la padella dal fuoco. In una ciotola media, sbattere la crema di formaggio, 2 once di feta e l'olio d'oliva rimanente, la scorza di limone, la noce moscata, l'aneto e il sale. Mescolare fino ad ottenere un composto omogeneo.

Aggiungere le verdure alla base di formaggio e mescolare fino ad amalgamarle. Versare il composto di salsa nella padella preparata e coprire con le restanti 2 once di formaggio feta.

Metti la salsa nel cestello della friggitrice e cuoci per 10 minuti o fino a quando sarà completamente calda e piena di bolle. Servire con patatine pita, bastoncini di carote o pane a fette.

Nutrizione (per 100 g): 550 calorie 52 g grassi 21 g carboidrati 14 g proteine 723 mg sodio

Salsa di cipolle perlate arrostite

Tempo di preparazione: 5 minuti.

È ora di cucinare: 12 minuti più 1 ora per raffreddare

Porzioni: 4

Livello di difficoltà: medio

Ingredienti:

- 2 tazze di cipolline sbucciate
- 3 spicchi d'aglio
- 3 cucchiai di olio d'oliva, divisi
- ½ cucchiaino di sale
- 1 tazza di yogurt greco semplice senza grassi
- 1 cucchiaio di succo di limone
- ¼ cucchiaino di pepe nero
- 1/8 cucchiaino di fiocchi di peperoncino
- Patatine di pita, verdure o pane tostato per servire (facoltativo)

Indirizzi:

Preriscalda la friggitrice ad aria a 360 ° F. In una ciotola capiente, unisci le cipolline e l'aglio con 2 cucchiai di olio d'oliva finché le cipolle non saranno ben ricoperte.

Versare il composto di aglio e cipolla nel cestello della friggitrice e arrostire per 12 minuti. Metti l'aglio e la cipolla in un robot da cucina. Frullare le verdure più volte, fino a quando le cipolle saranno tritate ma avranno ancora dei pezzetti.

Aggiungere l'aglio e la cipolla e il rimanente cucchiaio di olio d'oliva, insieme al sale, allo yogurt, al succo di limone, al pepe nero e ai fiocchi di peperoncino. Lasciare raffreddare per 1 ora prima di servire con patatine pita, verdure o pane tostato.

Nutrizione (per 100 g): 150 calorie 10 g grassi 6 g carboidrati 7 g proteine 693 mg sodio

Tapenade di peperoni rossi

Tempo di preparazione: 5 minuti.

È ora di cucinare: 5 minuti

Porzioni: 4

Livello di difficoltà: medio

Ingredienti:

- 1 peperone rosso grande
- 2 cucchiai più 1 cucchiaino di olio d'oliva
- ½ tazza di olive Kalamata, snocciolate e tritate
- 1 spicchio d'aglio, tritato
- ½ cucchiaino di origano secco
- 1 cucchiaio di succo di limone

Indirizzi:

Preriscalda la friggitrice a 180 ° F. Spennellare l'esterno di un peperone rosso intero con 1 cucchiaino di olio d'oliva e posizionarlo all'interno del cestello della friggitrice. Arrostire per 5 minuti. Nel frattempo, in una ciotola media, aggiungere i restanti 2 cucchiai di olio d'oliva con le olive, l'aglio, l'origano e il succo di limone.

Togliere il peperoncino dalla friggitrice, quindi tagliare delicatamente il gambo ed eliminare i semi. Tritare il peperone arrostito a pezzetti.

Aggiungere il peperoncino al composto di olive e mescolare il tutto fino ad ottenere un composto omogeneo. Servire con patatine pita, cracker o pane croccante.

Nutrizione (per 100 g): 104 calorie 10 g grassi 9 g carboidrati 1 g proteine 644 mg sodio

Buccia di patate greche con olive e feta

Tempo di preparazione: 5 minuti.

È ora di cucinare: 45 minuti

Porzioni: 4

Livello di difficoltà: Difficile

Ingredienti:

- 2 patate color ruggine
- 3 cucchiai di olio d'oliva
- 1 cucchiaino di sale kosher, diviso
- ¼ cucchiaino di pepe nero
- 2 cucchiai di coriandolo fresco
- ¼ di tazza di olive Kalamata, tagliate a dadini
- ¼ tazza di formaggio feta sbriciolato
- Prezzemolo fresco tritato, per decorare (facoltativo)

Indirizzi:

Preriscalda la friggitrice ad aria a 180 ° F. Usando una forchetta, fai 2 o 3 fori nelle patate, quindi ricopri con circa ½ cucchiaio di olio d'oliva e ½ cucchiaino di sale.

Metti le patate nel cestello della friggitrice e inforna per 30 minuti. Togliere le patate dalla friggitrice e tagliarle a metà. Raschiare la polpa delle patate con un cucchiaio, lasciando uno strato di patate da mezzo pollice all'interno della buccia e mettere da parte.

In una ciotola media, unisci le metà delle patate con i restanti 2 cucchiai di olio d'oliva, ½ cucchiaino di sale, pepe nero e coriandolo. Mescolare finché non sarà ben combinato. Dividete il ripieno di patate tra le bucce di patate ormai vuote, distribuendole uniformemente su di esse. Completare ogni patata con un cucchiaio di olive e formaggio feta.

Rimetti le bucce di patate caricate nella friggitrice e inforna per 15 minuti. Servire con ulteriore coriandolo o prezzemolo tritato e un filo di olio d'oliva, se lo si desidera.

Nutrizione (per 100 g): 270 calorie 13 g di grassi 34 g di carboidrati 5 g di proteine 672 mg di sodio

Focaccia con pita di carciofi e olive

Tempo di preparazione: 5 minuti.

È ora di cucinare: 10 minuti

Porzioni: 4

Livello di difficoltà: Facile

Ingredienti:

- 2 pita integrali
- 2 cucchiai di olio d'oliva, divisi
- 2 spicchi d'aglio, tritati
- ¼ cucchiaino di sale
- ½ tazza di cuori di carciofo in scatola, affettati
- ¼ di tazza di olive Kalamata
- ¼ tazza di parmigiano grattugiato
- ¼ tazza di formaggio feta sbriciolato
- Prezzemolo fresco tritato, per decorare (facoltativo)

Indirizzi:

Preriscalda la friggitrice ad aria a 180 ° F. Spennellare ogni pita con 1 cucchiaio di olio d'oliva, quindi cospargere l'aglio tritato e il sale.

Distribuisci uniformemente i cuori di carciofo, le olive e i formaggi tra le due pite e mettili entrambi nella friggitrice per cuocere per 10 minuti. Togliere le pite e tagliarle in 4 pezzi ciascuna prima di servire. Se lo si desidera, cospargere il prezzemolo sopra.

Nutrizione (per 100 g): 243 calorie 15 g grassi 10 g carboidrati 7 g proteine 644 mg sodio

Insalata Fiesta Di Pollo

Tempo di preparazione: 20 minuti.

È ora di cucinare: 20 minuti

Porzioni: 4

Livello di difficoltà: Facile

Ingredienti:

- 2 metà di filetto di pollo senza pelle né ossa
- 1 confezione di erbe fajita, divisa
- 1 cucchiaio di olio vegetale
- 1 lattina di fagioli neri, sciacquati e scolati
- 1 scatola di mais messicano
- 1/2 tazza di salsa
- 1 confezione di insalata verde
- 1 cipolla tritata
- 1 pomodoro, tagliato in quarti

Indirizzi:

Strofinare uniformemente il pollo con metà delle erbe della fajita. Cuocere l'olio in una padella a fuoco medio e cuocere il pollo per 8 minuti fianco a fianco o finché il succo non diventa chiaro; mettere da parte. Unisci fagioli, mais, salsa e 1/2 altra spezia per fajita in una padella capiente. Scaldare a fuoco medio fino a quando diventa caldo. Preparare l'insalata mescolando verdure, cipolla e pomodoro. Coprire l'insalata di pollo e condire con il composto di fagioli e mais.

Nutrizione (per 100 g): 311 calorie 6,4 g di grassi 42,2 g di carboidrati 23 g di proteine 853 mg di sodio

Insalata di mais e fagioli neri

Tempo di preparazione: 10 minuti.

È ora di cucinare: 0 minuti

Porzioni: 4

Livello di difficoltà: Facile

Ingredienti:

- 2 cucchiai di olio vegetale
- 1/4 di tazza di aceto balsamico
- 1/2 cucchiaino di sale
- 1/2 cucchiaino di zucchero bianco
- 1/2 cucchiaino di cumino macinato
- 1/2 cucchiaino di pepe nero macinato
- 1/2 cucchiaino di peperoncino in polvere
- 3 cucchiai di coriandolo fresco tritato
- 1 lattina di fagioli neri (15 once)
- 1 lattina di mais zuccherato (8,75 once) scolato

Indirizzi:

Unisci aceto balsamico, olio, sale, zucchero, pepe nero, cumino e peperoncino in polvere in una piccola ciotola. Unisci mais nero e fagioli in una ciotola media. Mescolare con vinaigrette e vinaigrette all'olio e decorare con coriandolo. Coprire e conservare in frigorifero durante la notte.

Nutrizione (per 100 g): 214 calorie 8,4 g di grassi 28,6 g di carboidrati 7,5 g di proteine 415 mg di sodio

Insalata di pasta fantastica

Tempo di preparazione: 30 minuti.
È ora di cucinare: 10 minuti
Porzioni: 16
Livello di difficoltà: medio

Ingredienti:

- 1 confezione di fusilli (16 once)
- 3 tazze di pomodorini
- 1/2 libbra di provolone, tagliato a dadini
- Salsiccia da 1/2 libbra, tagliata a dadini
- Peperoni da 1/4 libbra, tagliati a metà
- 1 peperone verde grande
- 1 lattina di olive nere, sgocciolate
- 1 vasetto di peperoncini, sgocciolati
- 1 bottiglia (8 once) di vinaigrette italiana

Indirizzi:

In una pentola fate bollire l'acqua con un po' di sale. Aggiungere la pasta e cuocere per circa 8-10 minuti o fino al dente. Scolare e sciacquare con acqua fredda.

Unisci la pasta con pomodori, formaggio, salame, peperoni, peperoni verdi, olive e peperoni in una ciotola capiente. Versare la vinaigrette e mescolare bene.

Nutrizione (per 100 g): 310 calorie 17,7 g di grassi 25,9 g di carboidrati 12,9 g di proteine 746 mg di sodio

Insalata di tonno

Tempo di preparazione: 20 minuti.

È ora di cucinare: 0 minuti

Porzioni: 4

Livello di difficoltà: Facile

Ingredienti:

- 1 lattina (19 once) di ceci
- 2 cucchiai di maionese
- 2 cucchiaini di senape marrone piccante
- 1 cucchiaio di sottaceti dolci
- Sale e pepe a piacere
- 2 cipolle verdi, tritate

Indirizzi:

Unisci i fagiolini, la maionese, la senape, il condimento, le cipolle verdi tritate, il sale e il pepe in una ciotola media. Mescolare bene.

Nutrizione (per 100 g): 220 calorie 7,2 g di grassi 32,7 g di carboidrati 7 g di proteine 478 mg di sodio

Insalata di patate del sud

Tempo di preparazione: 15 minuti.

È ora di cucinare: 15 minuti

Porzioni: 4

Livello di difficoltà: medio

Ingredienti:

- 4 patate
- 4 uova
- 1/2 gambo di sedano, tritato finemente
- 1/4 di tazza dal sapore dolce
- 1 spicchio d'aglio, tritato
- 2 cucchiai di senape
- 1/2 tazza di maionese
- Sale e pepe a piacere

Indirizzi:

Portare a ebollizione una pentola d'acqua, quindi aggiungere le patate e cuocere finché saranno morbide ma ancora sode, circa 15 minuti; scolare e tritare. Trasferire le uova in una padella e coprire con acqua fredda.

Fai bollire l'acqua; Coprite, togliete dal fuoco e lasciate macerare le uova in acqua calda per 10 minuti. Rimuovere, quindi sbucciare e tritare.

Unisci patate, uova, sedano, salsa dolce, aglio, senape, maionese, sale e pepe in una ciotola capiente. Mescolare e servire caldo.

Nutrizione (per 100 g): 460 calorie 27,4 g di grassi 44,6 g di carboidrati 11,3 g di proteine 214 mg di sodio

Insalata "sette strati

Tempo di preparazione: 15 minuti.

È ora di cucinare: 5 minuti

Porzioni: 10

Livello di difficoltà: medio

Ingredienti:

- 1 libbra di pancetta
- 1 cespo di lattuga iceberg
- 1 cipolla rossa tritata
- 1 confezione da 10 piselli surgelati, scongelati
- 10 once di formaggio cheddar grattugiato
- 1 tazza di cavolfiore tritato
- 1 1/4 tazza di maionese
- 2 cucchiai di zucchero bianco
- 2/3 tazza di parmigiano grattugiato

Indirizzi:

Metti la pancetta in una padella larga e poco profonda. Cuocere a fuoco medio fino a quando diventa morbido. Sbriciolare e riservare. Mettete la lattuga tritata in una ciotola capiente e ricopritela con uno strato di cipolla, piselli, formaggio grattugiato, cavolfiore e pancetta.

Preparare la vinaigrette mescolando la maionese, lo zucchero e il parmigiano. Versare sull'insalata e lasciare raffreddare.

Nutrizione (per 100 g): 387 calorie 32,7 g di grassi 9,9 g di carboidrati 14,5 g di proteine 609 mg di sodio

Insalata di cavolo riccio, quinoa e avocado con vinaigrette di Digione al limone

Tempo di preparazione: 5 minuti.
È ora di cucinare: 25 minuti
Porzioni: 4
Livello di difficoltà: Difficile

Ingredienti:

- 2/3 tazza di quinoa
- 1 1/3 tazza di acqua
- 1 mazzetto di cavolo riccio, tagliato a pezzetti
- 1/2 avocado sbucciato, tagliato a dadini e snocciolato
- 1/2 tazza di cetriolo tritato
- 1/3 di tazza di peperoncino rosso tritato
- 2 cucchiai di cipolla rossa tritata
- 1 cucchiaio di formaggio feta sbriciolato

Indirizzi:

Lessare la quinoa e 1 tazza e 1/3 di acqua in una pentola. Regolare la fiamma e cuocere a fuoco lento fino a quando la quinoa sarà tenera e l'acqua sarà stata assorbita, circa 15-20 minuti. Lasciate raffreddare.

Metti il cavolo in un cestello per la cottura a vapore sopra più di un pollice di acqua bollente in una padella. Sigillare la padella con un coperchio e cuocere a vapore fino a quando è caldo, circa 45 secondi; trasferire su un piatto grande. Guarnire con cavolo, quinoa, avocado, cetriolo, peperone, cipolla rossa e formaggio feta.

Unisci l'olio d'oliva, il succo di limone, la senape di Digione, il sale marino e il pepe nero in una ciotola finché l'olio non si emulsiona nel condimento; versare sopra l'insalata.

Nutrizione (per 100 g): 342 calorie 20,3 g di grassi 35,4 g di carboidrati 8,9 g di proteine 705 mg di sodio

Insalata di pollo

Tempo di preparazione: 20 minuti.

È ora di cucinare: 0 minuti

Porzioni: 9

Livello di difficoltà: Facile

Ingredienti:

- 1/2 tazza di maionese
- 1/2 cucchiaino di sale
- 3/4 cucchiaino di erbe aromatiche per pollame
- 1 cucchiaio di succo di limone
- 3 tazze di petto di pollo cotto, tagliato a dadini
- 1/4 cucchiaino di pepe nero macinato
- 1/4 cucchiaino di aglio in polvere
- 1/4 cucchiaino di cipolla in polvere
- 1/2 tazza di sedano tritato finemente
- 1 scatola (8 once) di castagne d'acqua, scolate e tritate
- 1/2 tazza di cipolle verdi tritate
- 1 1/2 tazza di uva verde, tagliata a metà
- 1 tazza e 1/2 di formaggio svizzero a dadini

Indirizzi:

Unisci maionese, sale, spezie di pollo, cipolla in polvere, aglio in polvere, pepe e succo di limone in una ciotola media. Unisci pollo, sedano, cipolle verdi, castagne d'acqua, formaggio svizzero e uvetta in una grande ciotola. Aggiungere la miscela di maionese e coprire. Lasciare raffreddare fino al momento di servire.

Nutrizione (per 100 g): 293 calorie 19,5 g di grassi 10,3 g di carboidrati 19,4 g di proteine 454 mg di sodio

Insalata Cobb

Tempo di preparazione: 5 minuti.

È ora di cucinare: 15 minuti

Porzioni: 6

Livello di difficoltà: Difficile

Ingredienti:

- 6 fette di pancetta
- 3 uova
- 1 tazza di lattuga iceberg tritata
- 3 tazze di carne di pollo tritata cotta
- 2 pomodori, senza semi e tagliati
- 3/4 tazza di formaggio blu, sbriciolato
- 1 avocado, sbucciato, snocciolato e tagliato a dadini
- 3 cipolle verdi, tritate
- 1 bottiglia (8 once) di vinaigrette Ranch

Indirizzi:

Mettete le uova in una padella e bagnatele completamente con acqua fredda. Fai bollire l'acqua. Coprire e togliere dal fuoco e lasciare riposare le uova in acqua calda per 10-12 minuti. Togliere dall'acqua calda, lasciare raffreddare, sbucciare e tritare. Metti la pancetta in una padella larga e profonda. Cuocere a fuoco medio fino a quando diventa morbido. Accantonare.

Dividere la lattuga grattugiata su piatti separati. Distribuire pollo, uova, pomodori, formaggio blu, pancetta, avocado e cipolle verdi in file sulla lattuga. Cospargete con la vostra vinaigrette preferita e buon appetito.

Nutrizione (per 100 g): 525 calorie 39,9 g di grassi 10,2 g di carboidrati 31,7 g di proteine 701 mg di sodio

Insalata di broccoli

Tempo di preparazione: 10 minuti.

È ora di cucinare: 15 minuti

Porzioni: 6

Livello di difficoltà: medio

Ingredienti:

- 10 fette di pancetta
- 1 tazza di broccoli freschi
- ¼ tazza di cipolla rossa tritata
- ½ tazza di uvetta
- 3 cucchiai di aceto di vino bianco
- 2 cucchiai di zucchero bianco
- 1 tazza di maionese
- 1 tazza di semi di girasole

Indirizzi:

Cuocere la pancetta in una padella a fuoco medio. Scolare, sbriciolare e mettere da parte. Unisci i broccoli, la cipolla e l'uvetta in una ciotola media. Mescola aceto, zucchero e maionese in una piccola ciotola. Versare sul composto di broccoli e mescolare. Lasciare raffreddare per almeno due ore.

Prima di servire condire l'insalata con la pancetta sbriciolata e i semi di girasole.

Nutrizione (per 100 g): 559 calorie 48,1 g di grassi 31 g di carboidrati 18 g di proteine 584 mg di sodio

Insalata di fragole e spinaci

Tempo di preparazione: 10 minuti.

È ora di cucinare: 0 minuti

Porzioni: 4

Livello di difficoltà: Facile

Ingredienti:

- 2 cucchiai di semi di sesamo
- 1 cucchiaio di semi di papavero
- 1/2 tazza di zucchero bianco
- 1/2 tazza di olio d'oliva
- 1/4 di tazza di aceto bianco distillato
- 1/4 cucchiaino di paprika
- 1/4 cucchiaino di salsa Worcestershire
- 1 cucchiaio di cipolla tritata
- 10 once di spinaci freschi
- 1 litro di fragole: pulite, sbucciate e affettate
- 1/4 tazza di mandorle, pelate e affettate

Indirizzi:

In una ciotola media, mescolare insieme gli stessi semi, semi di papavero, zucchero, olio d'oliva, aceto, paprika, salsa Worcestershire e cipolla. Coprire e raffreddare per un'ora.

In una ciotola capiente, aggiungere gli spinaci, le fragole e le mandorle. Condire l'insalata con il condimento e mescolare. Conservare in frigorifero da 10 a 15 minuti prima di servire.

Nutrizione (per 100 g): 491 calorie 35,2 g di grassi 42,9 g di carboidrati 6 g di proteine 691 mg di sodio

Insalata di pere con formaggio Roquefort

Tempo di preparazione: 20 minuti.

È ora di cucinare: 10 minuti

Porzioni: 2

Livello di difficoltà: medio

Ingredienti:

- 1 foglia di lattuga, tagliata a pezzetti
- 3 pere, sbucciate, senza torsolo e tagliate a cubetti
- 5 once di Roquefort, sbriciolato
- 1 avocado, sbucciato, senza semi e tagliato a dadini
- 1/2 tazza di cipolle verdi tritate
- 1/4 tazza di zucchero bianco
- 1/2 tazza di noci pecan
- 1/3 di tazza di olio d'oliva
- 3 cucchiai di aceto di vino rosso
- 1 1/2 cucchiaini di zucchero bianco
- 1 1/2 cucchiaini di senape preparata
- 1/2 cucchiaino di pepe nero salato
- 1 spicchio d'aglio

Indirizzi:

Aggiungi 1/4 di tazza di zucchero con le noci in una padella a fuoco medio. Continuate a mescolare delicatamente finché lo zucchero non si sarà caramellato insieme alle noci. Trasferisci con attenzione le noci sulla carta oleata. Lasciarlo raffreddare e spezzettarlo.

Mescolare per vinaigrette olio, marinata, 1 1/2 cucchiaino di zucchero, senape, aglio tritato, sale e pepe.

In una ciotola poco profonda, unisci lattuga, pere, formaggio blu, avocado e scalogno. Versare la vinaigrette sull'insalata, cospargere con le noci e servire.

Nutrizione (per 100 g): 426 calorie 31,6 g di grassi 33,1 g di carboidrati 8 g di proteine 481 mg di sodio

Insalata Di Fagioli Messicani

Tempo di preparazione: 15 minuti.

È ora di cucinare: 0 minuti

Porzioni: 6

Livello di difficoltà: Facile

Ingredienti:

- 1 lattina di fagioli neri (15 once), scolati
- 1 lattina di fagioli rossi (15 once), scolati
- 1 lattina di fagioli bianchi (15 once), scolati
- 1 peperone verde tritato
- 1 peperoncino rosso tritato
- 1 confezione di chicchi di mais congelati
- 1 cipolla rossa tritata
- 2 cucchiai di succo di lime fresco
- 1/2 tazza di olio d'oliva
- 1/2 tazza di aceto di vino rosso
- 1 cucchiaio di succo di limone
- 1 cucchiaio di sale
- 2 cucchiai di zucchero bianco
- 1 spicchio d'aglio schiacciato
- 1/4 tazza di coriandolo tritato
- 1/2 cucchiaio di cumino macinato
- 1/2 cucchiaio di pepe nero macinato
- 1 pizzico di salsa piccante

- 1/2 cucchiaino di peperoncino in polvere

Indirizzi:

Unisci fagioli, peperoni, mais congelato e cipolla rossa in una grande ciotola. Unisci olio d'oliva, succo di lime, aceto di vino rosso, succo di limone, zucchero, sale, aglio, coriandolo, cumino e pepe nero in una piccola ciotola; condire con salsa piccante e peperoncino in polvere.

Versare la vinaigrette all'olio d'oliva sulle verdure; mescolare bene. Far raffreddare bene e servire freddo.

Nutrizione (per 100 g): 334 calorie 14,8 g di grassi 41,7 g di carboidrati 11,2 g di proteine 581 mg di sodio

Insalata di melone

Tempo di preparazione: 20 minuti.

È ora di cucinare: 0 minuti

Porzioni: 6

Livello di difficoltà: medio

Ingredienti:

- ¼ cucchiaino di sale marino
- ¼ cucchiaino di pepe nero
- 1 cucchiaio di aceto balsamico
- 1 melone, tagliato in quarti e senza semi
- 12 angurie, piccole e senza semi
- 2 tazze di palline di mozzarella, fresche
- 1/3 tazza di basilico, fresco e spezzettato
- 2 cucchiai. olio d'oliva

Indirizzi:

Raschiare le palline di melone e metterle in uno scolapasta sopra una ciotola da portata. Usa lo scavino per meloni per tagliare anche l'anguria e poi posizionarla insieme al melone.

Lascia scolare la frutta per dieci minuti e poi conserva in frigorifero il succo per un'altra ricetta. Può anche essere aggiunto ai frullati. Asciugate la ciotola con un panno e poi metteteci la frutta.

Aggiungere basilico, olio, aceto, mozzarella e pomodorini prima di condire con sale e pepe. Mescolare delicatamente e servire subito o ben freddo.

Nutrizione (per 100 g): 218 calorie 13 g grassi 9 g carboidrati 10 g proteine 581 mg sodio

Insalata di sedano e arancia

Tempo di preparazione: 15 minuti.

È ora di cucinare: 0 minuti

Porzioni: 6

Livello di difficoltà: Facile

Ingredienti:

- 1 cucchiaio di succo di limone, fresco
- ¼ cucchiaino di sale marino fino
- ¼ cucchiaino di pepe nero
- 1 cucchiaio di salamoia di olive
- 1 cucchiaio di olio d'oliva
- ¼ tazza di cipolla rossa, affettata
- ½ tazza di olive verdi
- 2 arance, sbucciate e affettate
- 3 gambi di sedano, tagliati diagonalmente a fette da ½ pollice

Indirizzi:

Metti le arance, le olive, la cipolla e il sedano in una ciotola poco profonda. In un'altra ciotola, sbatti insieme l'olio, la salamoia e il succo di limone, versalo sull'insalata. Condire con sale e pepe prima di servire.

Nutrizione (per 100 g): 65 calorie 7 g grassi 9 g carboidrati 2 g proteine 614 mg sodio

Insalata Di Broccoli Arrostiti

Tempo di preparazione: 20 minuti.

È ora di cucinare: 10 minuti

Porzioni: 4

Livello di difficoltà: Difficile

Ingredienti:

- 1 libbra di broccoli, tagliati a cimette e gambo affettato
- 3 cucchiai di olio d'oliva, divisi
- 1 litro di pomodorini
- 1 cucchiaino e ½ di miele, crudo e diviso
- 3 tazze di pane integrale, tagliato a cubetti
- 1 cucchiaio di aceto balsamico
- ½ cucchiaino di pepe nero
- ¼ cucchiaino di sale marino fino
- parmigiano grattugiato per servire

Indirizzi:

Preparare il forno a 450 gradi e poi estrarre una teglia cerchiata. Mettilo nel forno per riscaldarlo. Irrorate i broccoli con un cucchiaio di olio e mescolateli per ricoprirli.

Togliete la teglia dal forno e versateci sopra i broccoli. Lasciare l'olio sul fondo della ciotola, aggiungere i pomodori, mescolare per ricoprirli e poi condire i pomodori con un cucchiaio di miele. Versateli sulla stessa teglia dei broccoli.

Arrostire per quindici minuti e mescolare a metà cottura. Aggiungi il pane e poi arrostisci per altri tre minuti. Sbattere insieme due cucchiai di olio, aceto e il miele rimanente. Condire con sale e pepe. Versalo sul composto di broccoli per servire.

Nutrizione (per 100 g): 226 calorie 12 g grassi 26 g carboidrati 7 g proteine 581 mg sodio

Insalata di pomodoro

Tempo di preparazione: 20 minuti.

È ora di cucinare: 0 minuti

Porzioni: 4

Livello di difficoltà: Facile

Ingredienti:

- 1 cetriolo affettato
- ¼ tazza di pomodori secchi, tritati
- 1 libbra di pomodori, a cubetti
- ½ tazza di olive nere
- 1 cipolla rossa affettata
- 1 cucchiaio di aceto balsamico
- ¼ di tazza di prezzemolo, fresco e tritato
- 2 cucchiai di olio d'oliva
- sale marino e pepe nero a piacere

Indirizzi:

Prendi una ciotola e unisci tutte le verdure. Per preparare il condimento, mescola tutti i condimenti, olio d'oliva e aceto. Condire con l'insalata e servire fresco.

Nutrizione (per 100 g): 126 calorie 9,2 g grassi 11,5 g carboidrati 2,1 g proteine 681 mg sodio

Insalata di barbabietola con formaggio feta

Tempo di preparazione: 15 minuti.

È ora di cucinare: 0 minuti

Porzioni: 4

Livello di difficoltà: Facile

Ingredienti:

- 6 barbabietole rosse, cotte e sbucciate
- 3 once di formaggio feta, a cubetti
- 2 cucchiai di olio d'oliva
- 2 cucchiai di aceto balsamico

Indirizzi:

Amalgamate il tutto e poi servite.

Nutrizione (per 100 g): 230 calorie 12 g di grassi 26,3 g di carboidrati 7,3 g di proteine 614 mg di sodio

Insalata di cavolfiore e pomodorini

Tempo di preparazione: 15 minuti.

È ora di cucinare: 0 minuti

Porzioni: 4

Livello di difficoltà: Facile

Ingredienti:

- 1 testa di cavolfiore, tritata
- 2 cucchiai di prezzemolo, fresco e tritato
- 2 tazze di pomodorini, tagliati a metà
- 2 cucchiai di succo di limone fresco
- 2 cucchiai di pinoli
- sale marino e pepe nero a piacere

Indirizzi:

Mescolare insieme il succo di limone, i pomodorini, il cavolfiore e il prezzemolo, quindi condire. Completare con i pinoli e mescolare bene prima di servire.

Nutrizione (per 100 g): 64 calorie 3,3 g grassi 7,9 g carboidrati 2,8 g proteine 614 mg sodio

Pilaf con crema di formaggio

Tempo di preparazione: 20 minuti.

È ora di cucinare: 10 minuti

Porzioni: 6

Livello di difficoltà: medio

Ingredienti:

- 2 tazze di riso giallo a grani lunghi, sbollentato
- 1 tazza di cipolla
- 4 cipolle verdi
- 3 cucchiai di burro
- 3 cucchiai di brodo vegetale
- 2 cucchiaini di pepe di cayenna
- 1 cucchiaino di paprika
- ½ cucchiaino di chiodi di garofano, tritati
- 2 cucchiai di foglie di menta, fresche e tritate
- 1 mazzetto di foglie di menta fresca per decorare
- 1 cucchiaio di olio d'oliva
- sale marino e pepe nero a piacere
- <u>Crema di formaggio:</u>
- 3 cucchiai di olio d'oliva
- sale marino e pepe nero a piacere
- 9 once di crema di formaggio

Indirizzi:

Impostare il forno a 360 gradi e poi tirare fuori una padella. Scaldare insieme il burro e l'olio d'oliva e cuocere le cipolle e l'erba cipollina per due minuti.

Aggiungere sale, pepe, paprika, chiodi di garofano, brodo vegetale, riso e il condimento rimanente. Far rosolare per tre minuti. Avvolgere con un foglio di alluminio e cuocere per un'altra mezz'ora. Lasciarlo raffreddare.

Mescolare crema di formaggio, formaggio, olio d'oliva, sale e pepe. Servite il vostro pilaf guarnito con foglie di menta fresca.

Nutrizione (per 100 g): 364 calorie 30 g grassi 20 g carboidrati 5 g proteine 511 mg sodio

Insalata di melanzane arrostite

Tempo di preparazione: 10 minuti.

È ora di cucinare: 20 minuti

Porzioni: 6

Livello di difficoltà: Facile

Ingredienti:

- 1 cipolla rossa affettata
- 2 cucchiai di prezzemolo, fresco e tritato
- 1 cucchiaino di timo
- 2 tazze di pomodorini, tagliati a metà
- sale marino e pepe nero a piacere
- 1 cucchiaino di origano
- 3 cucchiai di olio d'oliva
- 1 cucchiaino di basilico
- 3 melanzane, sbucciate e tagliate a cubetti

Indirizzi:

Inizia riscaldando il forno a 350. Condisci le melanzane con basilico, sale, pepe, origano, timo e olio d'oliva. Disponetela su una teglia e fatela cuocere per mezz'ora. Mescolare con gli altri ingredienti prima di servire.

Nutrizione (per 100 g): 148 calorie 7,7 g grassi 20,5 g carboidrati 3,5 g proteine 660 mg sodio

Verdure grigliate

Tempo di preparazione: 5 minuti.

È ora di cucinare: 15 minuti

Porzioni: 12

Livello di difficoltà: Facile

Ingredienti:

- 6 spicchi d'aglio
- 6 cucchiai di olio d'oliva
- 1 bulbo di finocchio, tagliato a dadini
- 1 zucchina, tagliata a cubetti
- 2 peperoni rossi, tagliati a dadini
- 6 patate, grandi e tagliate a cubetti
- 2 cucchiaini di sale marino
- ½ tazza di aceto balsamico
- ¼ tazza di rosmarino fresco tritato
- 2 cucchiaini di brodo vegetale in polvere

Indirizzi:

Inizia riscaldando il forno a 400. Metti le patate, i finocchi, le zucchine, l'aglio e il finocchio in una teglia, condendo con olio d'oliva. Cospargere di sale, brodo in polvere e rosmarino. Mescolare bene e poi infornare a 450 per trenta-quaranta minuti. Mescola l'aceto con le verdure prima di servire.

Nutrizione (per 100 g): 675 calorie 21 g grassi 112 g carboidrati 13 g proteine 718 mg sodio

Insalata di pistacchi e rucola

Tempo di preparazione: 20 minuti.

È ora di cucinare: 0 minuti

Porzioni: 6

Livello di difficoltà: Facile

Ingredienti:

- 6 tazze di cavolo riccio tritato
- ¼ tazza di olio d'oliva
- 2 cucchiai di succo di limone fresco
- ½ cucchiaino di paprika affumicata
- 2 tazze di rucola
- 1/3 di tazza di pistacchi, non salati e sgusciati
- 6 cucchiai di parmigiano grattugiato

Indirizzi:

Prendi un'insalatiera e unisci l'olio, il limone, la paprika affumicata e il cavolo riccio. Massaggiare delicatamente le foglie per mezzo minuto. Il tuo cavolo dovrebbe essere ben coperto. Aggiungete delicatamente la rucola e i pistacchi quando siete pronti per servire.

Nutrizione (per 100 g):150 calorie 12 g grassi 8 g carboidrati 5 g proteine 637 mg sodio

Risotto d'orzo alla parmigiana

Tempo di preparazione: 10 minuti.

È ora di cucinare: 20 minuti

Porzioni: 6

Livello di difficoltà: Difficile

Ingredienti:

- 1 tazza di cipolla gialla tritata
- 1 cucchiaio di olio d'oliva
- 4 tazze di brodo vegetale, a basso contenuto di sodio
- 2 tazze di orzo perlato crudo
- ½ bicchiere di vino bianco secco
- 1 tazza di parmigiano, grattugiato finemente e diviso
- sale marino e pepe nero a piacere
- erba cipollina fresca, tritata per servire
- fette di limone per servire

Indirizzi:

Aggiungi il brodo in una casseruola e porta a ebollizione a fuoco medio-alto. Prendete una pentola e mettete anche questa sul fuoco medio-alto. Scaldare l'olio prima di aggiungere la cipolla. Cuocere per otto minuti, mescolando di tanto in tanto. Aggiungi l'orzo e cuoci per altri due minuti. Aggiungere l'orzo e cuocere fino a tostatura.

Versare il vino e cuocere per un altro minuto. La maggior parte del liquido dovrebbe essere evaporata prima di aggiungere una tazza di brodo caldo. Cuocere e mescolare per due minuti. Il suo liquido deve essere assorbito. Aggiungere il brodo rimasto nella tazza e cuocere finché ogni tazza non sarà stata assorbita. Dovrebbero essere necessari circa due minuti ogni volta.

Togliere dal fuoco, aggiungere mezza tazza di formaggio e guarnire con il formaggio rimanente, gli scalogni e le fette di limone.

Nutrizione (per 100 g): 345 calorie 7 g grassi 56 g carboidrati 14 g proteine 912 mg sodio

Insalata di frutti di mare e avocado

Tempo di preparazione: 10 minuti.

È ora di cucinare: 0 minuti

Porzioni: 4

Livello di difficoltà: Facile

Ingredienti:

- 2 libbre. salmone, cotto e tritato
- 2 libbre. gamberetti, cotti e tritati
- 1 tazza di avocado, tritato
- 1 tazza di maionese
- 4 cucchiai di succo di lime, fresco
- 2 spicchi d'aglio
- 1 tazza di panna acida
- sale marino e pepe nero a piacere
- ½ cipolla rossa tritata
- 1 tazza di cetriolo tritato

Indirizzi:

Inizia prendendo una ciotola e unendo l'aglio, il sale, il pepe, la cipolla, la maionese, la panna acida e il succo di lime.

Prendi un'altra ciotola e aggiungi il salmone, i gamberetti, il cetriolo e l'avocado.

Aggiungete il composto di maionese ai vostri gamberi e poi lasciateli riposare per venti minuti in frigorifero prima di servire.

Nutrizione (per 100 g): 394 calorie 30 g grassi 3 g carboidrati 27 g proteine 815 mg sodio

Insalata Di Gamberi Mediterranea

Tempo di preparazione: 40 minuti.

È ora di cucinare: 0 minuti

Porzioni: 6

Livello di difficoltà: Facile

Ingredienti:

- 1 ½ libbre. gamberetti, puliti e cotti
- 2 gambi di sedano, freschi
- 1 cipolla
- 2 cipolle verdi
- 4 uova sode
- 3 patate cotte
- 3 cucchiai di maionese
- sale marino e pepe nero a piacere

Indirizzi:

Iniziate tagliando le patate e il sedano. Tagliare le uova a fette e condirle. Mescolare tutto insieme. Disporre i gamberi sopra le uova e servire con cipolla ed erba cipollina.

Nutrizione (per 100 g): 207 calorie 6 g Grassi 15 g Carboidrati 17 g Proteine 664 mg Sodio

Insalata Di Pasta Di Ceci

Tempo di preparazione: 10 minuti.
È ora di cucinare: 15 minuti
Porzioni: 6
Livello di difficoltà: medio

Ingredienti:

- 2 cucchiai di olio d'oliva
- 16 once di pasta rotelle
- ½ tazza di olive stagionate, tritate
- 2 cucchiai di origano fresco e tritato
- 2 cucchiai di prezzemolo, fresco e tritato
- 1 mazzetto di erba cipollina tritata
- ¼ di tazza di aceto di vino rosso
- 15 once di ceci in scatola, scolati e sciacquati
- ½ tazza di parmigiano grattugiato
- sale marino e pepe nero a piacere

Indirizzi:

Far bollire l'acqua e cuocere la pasta al dente e seguire le istruzioni sulla confezione. Scolare e sciacquare con acqua fredda.

Tirare fuori una padella e scaldare l'olio d'oliva a fuoco medio. Aggiungete l'erba cipollina, i ceci, il prezzemolo, l'origano e le olive. Ridurre il fuoco e friggere per altri venti minuti. Lascia raffreddare questa miscela.

Mescolate il composto di ceci nella pasta e aggiungete il formaggio grattugiato, sale, pepe e aceto. Lasciare raffreddare per quattro ore o durante la notte prima di servire.

Nutrizione (per 100 g): 424 calorie 10 g grassi 69 g carboidrati 16 g proteine 714 mg sodio

Frittura mediterranea

Tempo di preparazione: 10 minuti.

È ora di cucinare: 30 minuti

Porzioni: 4

Livello di difficoltà: medio

Ingredienti:

- 2 zucchine
- 1 cipolla
- ¼ cucchiaino di sale marino
- 2 spicchi d'aglio
- 3 cucchiaini di olio d'oliva, divisi
- Petti di pollo da 1 libbra, disossati
- 1 tazza di orzo a cottura rapida
- 2 tazze d'acqua
- ¼ cucchiaino di pepe nero
- 1 cucchiaino di origano
- ¼ di cucchiaino di fiocchi di peperoncino
- ½ cucchiaino di basilico
- 2 pomodorini
- ½ tazza di olive greche, snocciolate
- 1 cucchiaio di prezzemolo fresco

Indirizzi:

Inizia rimuovendo la pelle dal pollo e poi tagliandolo a pezzetti più piccoli. Tritare l'aglio e il prezzemolo e poi tritare le olive, le zucchine, i pomodori e le cipolle. Tirare fuori una pentola e far bollire l'acqua. Unire l'orzo e lasciar cuocere a fuoco lento per otto-dieci minuti.

Spegnere il fuoco. Lascia riposare per cinque minuti. Tirare fuori una padella e aggiungere due cucchiaini di olio d'oliva. Fate rosolare il pollo una volta caldo e poi toglietelo dal fuoco. Cuocere la cipolla nell'olio rimasto. Mescolare gli ingredienti rimanenti e cuocere per altri tre-cinque minuti. Servire caldo.

Nutrizione (per 100 g): 337 calorie 8,6 g grassi 32,3 g carboidrati 31,7 g proteine 517 mg sodio

Insalata di cetrioli balsamici

Tempo di preparazione: 15 minuti.

È ora di cucinare: 0 minuti

Porzioni: 4

Livello di difficoltà: Facile

Ingredienti:

- 2/3 di cetriolo inglese grande, tagliato a metà e affettato
- 2/3 cipolla rossa media, tagliata a metà e affettata sottilmente
- 5 1/2 cucchiai di vinaigrette all'aceto balsamico
- 1 1/3 tazze di pomodorini, tagliati a metà
- 1/2 tazza di formaggio feta a basso contenuto di grassi sbriciolato

Indirizzi:

In una ciotola capiente, mescolare il cetriolo, i pomodori e la cipolla. Aggiungi la vinaigrette; gettare per ricoprire. Conservare in frigorifero, coperto, fino al momento di servire. Poco prima di servire aggiungere il formaggio. Servire con un cucchiaino forato.

Nutrizione (per 100 g): 250 calorie 12 g di grassi 15 g di carboidrati 34 g di proteine 633 mg di sodio

Empanadas di carne Kefta con insalata di cetrioli

Tempo di preparazione: 10 minuti.
È ora di cucinare: 15 minuti
Porzioni: 2
Livello di difficoltà: Difficile

Ingredienti:

- spray da cucina
- Controfiletto macinato da 1/2 libbra
- 2 cucchiai più 2 cucchiai di prezzemolo fresco a foglia piatta tritato, diviso
- 1 1/2 cucchiaino di zenzero fresco tritato e sbucciato
- 1 cucchiaino di coriandolo macinato
- 2 cucchiai di coriandolo fresco tritato
- 1/4 cucchiaino di sale
- 1/2 cucchiaino di cumino macinato
- 1/4 cucchiaino di cannella in polvere
- 1 tazza di cetrioli inglesi a fette sottili
- 1 cucchiaio di aceto di riso
- 1/4 tazza di yogurt greco semplice senza grassi
- 1 1/2 cucchiaini di succo di limone fresco
- 1/4 cucchiaino di pepe nero appena macinato
- 1 pita (6 pollici), in quarti

Indirizzi:

Scaldare una bistecchiera a fuoco medio-alto. Rivestire la padella con spray da cucina. Unisci il manzo, 1/4 di tazza di prezzemolo, il coriandolo e i successivi 5 elementi in una ciotola media. Dividi la combinazione in 4 porzioni uguali, formando ciascuna in una polpetta spessa 1/2 pollice. Aggiungi gli hamburger alla padella; cuocere entrambi i lati al grado di cottura desiderato.

Mescolare il cetriolo e l'aceto in una ciotola media; spara bene Unisci lo yogurt magro, i rimanenti 2 cucchiai di prezzemolo, succo e pepe in una piccola ciotola; mescolare con una frusta. Metti 1 hamburger e 1/2 tazza di miscela di cetriolo su ciascuno dei 4 piatti. Completa ogni offerta con circa 2 cucchiai di spezie per yogurt. Servire ciascuno con 2 spicchi di pita.

Nutrizione (per 100 g): 116 calorie 5 g di grassi 11 g di carboidrati 28 g di proteine 642 mg di sodio

Insalata di pollo e cetrioli con pesto di prezzemolo

Tempo di preparazione: 15 minuti.
È ora di cucinare: 5 minuti
Porzioni: 8
Livello di difficoltà: Facile

Ingredienti:

- 2 2/3 tazze di foglie di prezzemolo fresco a foglia piatta confezionate
- 1 1/3 tazze di spinaci freschi
- 1 1/2 cucchiaio di pinoli tostati
- 1 1/2 cucchiaio di parmigiano grattugiato
- 2 1/2 cucchiai di succo di limone fresco
- 1 1/3 cucchiaini di sale kosher
- 1/3 cucchiaino di pepe nero
- 1 1/3 spicchi d'aglio medi, schiacciati
- 2/3 bicchiere di olio extra vergine di oliva
- 5 tazze e 1/3 di pollo al girarrosto tritato (da 1 pollo)
- 2 2/3 tazze di edamame cotto e sgusciato
- 1 lattina e 1/2 1 (15 once) di ceci non salati, scolati e sciacquati
- 1 1/3 tazze di cetrioli inglesi tritati
- 5 tazze e 1/3 di rucola confezionata senza stringere

Indirizzi:

Unisci prezzemolo, spinaci, succo di limone, pinoli, formaggio, aglio, sale e pepe in un robot da cucina; processo di circa 1 minuto. Con il processore in funzione, aggiungere olio; processo fino a che liscio, circa 1 minuto.

Mescola pollo, edamame, ceci e cetrioli in una ciotola capiente. Aggiungi il pesto; mescolare per unire.

Metti 2/3 tazze di rucola in ciascuna delle 6 ciotole; guarnire ciascuno con 1 tazza di mix di insalata di pollo. Servire immediatamente.

Nutrizione (per 100 g): 116 calorie 12 g di grassi 3 g di carboidrati 9 g di proteine 663 mg di sodio

Insalata semplice di rucola

Tempo di preparazione: 15 minuti.

È ora di cucinare: 0 minuti

Porzioni: 6

Livello di difficoltà: Facile

Ingredienti:

- 6 tazze di foglie di rucola giovane, sciacquate e asciugate
- 1 1/2 tazza di pomodorini, tagliati a metà
- 6 cucchiai di pinoli
- 3 cucchiai di olio di vinaccioli o di oliva
- 1 1/2 cucchiaio di aceto di riso
- 3/8 cucchiaino di pepe nero appena macinato a piacere
- 6 cucchiai di parmigiano grattugiato
- 3/4 cucchiaino di sale a piacere
- 1 1/2 avocado grande, sbucciato, snocciolato e affettato

Indirizzi:

In un piatto grande di plastica con coperchio, mantecate la rucola, i pomodorini, i pinoli, l'olio, l'aceto e il parmigiano. Condire con sale e pepe per insaporire. Coprire e scolare per mescolare.

Distribuire l'insalata sulla porcellana e guarnire con le fette di avocado.

Nutrizione (per 100 g): 120 calorie 12 g di grassi 14 g di carboidrati 25 g di proteine 736 mg di sodio

Insalata di fagioli e ceci con feta

Tempo di preparazione: 10 minuti.

È ora di cucinare: 0 minuti

Porzioni: 6

Livello di difficoltà: Facile

Ingredienti:

- 1 1/2 lattina (15 once) di ceci
- 1 lattina e 1/2 (2-1/4 once) di olive mature affettate, sgocciolate
- 1 1/2 pomodori medi
- 6 cucchiai di cipolle rosse affettate sottili
- 2 1/4 tazze 1-1/2 cetrioli inglesi, tritati grossolanamente
- 6 cucchiai di prezzemolo fresco tritato
- 4 1/2 cucchiai di olio d'oliva
- 3/8 cucchiaino di sale
- 1 1/2 cucchiaio di succo di limone
- 3/16 cucchiaino di pepe
- 7 tazze e 1/2 di verdure miste
- 3/4 tazza di formaggio feta sbriciolato

Indirizzi:

Trasferire tutti gli ingredienti in una grande ciotola; mescolare per unire. Aggiungere il parmigiano.

Nutrizione (per 100 g): 140 calorie 16 g di grassi 10 g di carboidrati 24 g di proteine 817 mg di sodio

Ciotole greche di riso integrale e selvatico

Tempo di preparazione: 15 minuti.

È ora di cucinare: 5 minuti

Porzioni: 4

Livello di difficoltà: Facile

Ingredienti:

- 2 confezioni (8-1/2 once) di riso integrale e selvatico pronte da servire
- 1 avocado medio maturo, sbucciato e affettato
- 1 1/2 tazza di pomodorini, tagliati a metà
- 1/2 tazza di vinaigrette greca, divisa
- 1/2 tazza di formaggio feta sbriciolato
- 1/2 tazza di olive greche snocciolate, affettate
- prezzemolo fresco tritato, facoltativo

Indirizzi:

In un piatto adatto al microonde, unisci la miscela di cereali e 2 cucchiai di vinaigrette. Coprire e cuocere a fuoco alto finché non sarà completamente riscaldato, circa 2 minuti. Dividere in 2 ciotole. Ideale con avocado, pomodoro, verdure, formaggio, olive, condimento avanzato e, se lo si desidera, prezzemolo.

Nutrizione (per 100 g): 116 calorie 10 g di grassi 9 g di carboidrati 26 g di proteine 607 mg di sodio

Insalata Greca Per Cena

Tempo di preparazione: 10 minuti.
È ora di cucinare: 0 minuti
Porzioni: 4
Livello di difficoltà: Facile

Ingredienti:

- 2 1/2 cucchiai di prezzemolo fresco tritato grossolanamente
- 2 cucchiai di aneto fresco tritato grossolanamente
- 2 cucchiaini di succo di limone fresco
- 2/3 cucchiaino di origano secco
- 2 cucchiaini di olio extra vergine di oliva
- 4 tazze di lattuga romana grattugiata
- 2/3 tazza di cipolle rosse affettate sottilmente
- 1/2 tazza di formaggio feta sbriciolato
- 2 tazze di pomodori a cubetti
- 2 cucchiaini di capperi
- 2/3 cetriolo, sbucciato, tagliato in quarti nel senso della lunghezza e tagliato a fettine sottili
- 2/3 (19 once) di ceci, scolati e sciacquati
- 4 pita integrali (6 pollici), ciascuna tagliata in 8 spicchi

Indirizzi:

Unisci le prime 5 sostanze su un piatto grande; mescolare con una frusta. Aggiungere un membro della famiglia della lattuga e i successivi 6 ingredienti (la lattuga attraverso i ceci); spara bene Servire con spicchi di pita.

Nutrizione (per 100 g): 103 calorie 12 g di grassi 8 g di carboidrati 36 g di proteine 813 mg di sodio

Halibut con insalata di limone e finocchi

Tempo di preparazione: 15 minuti.

È ora di cucinare: 5 minuti

Porzioni: 2

Livello di difficoltà: medio

Ingredienti:

- 1/2 cucchiaino di coriandolo macinato
- 1/4 cucchiaino di sale
- 1/8 cucchiaino di pepe nero appena macinato
- 2 1/2 cucchiaini di olio extra vergine di oliva, divisi
- 1/4 cucchiaino di cumino macinato
- 1 spicchio d'aglio, tritato
- 2 filetti di ippoglosso (6 once)
- 1 tazza di bulbo di finocchio
- 2 cucchiai di cipolle rosse, affettate sottilmente verticalmente
- 1 cucchiaio di succo di limone fresco
- 1 1/2 cucchiaino di prezzemolo a foglia piatta tritato
- 1/2 cucchiaino di foglie di timo fresco

Indirizzi:

Unisci le prime 4 sostanze in un piattino. Unisci 1/2 cucchiaino di miscela di spezie, 2 cucchiaini di olio e aglio in una piccola ciotola; strofinare uniformemente la miscela di spicchi d'aglio sul pesce. Scaldare 1 cucchiaino di olio in una padella antiaderente a fuoco medio-alto. Aggiungi il pesce alla padella; cuocere 5 minuti per lato o fino alla cottura desiderata.

Unisci i restanti 3/4 cucchiaini di miscela di spezie, i rimanenti 2 cucchiaini di olio, il bulbo di finocchio e le sostanze rimanenti in una ciotola media, mescolando bene per ricoprire. Fornire un'insalata con frutti di mare.

Nutrizione (per 100 g): 110 calorie 9 g di grassi 11 g di carboidrati 29 g di proteine 558 mg di sodio

Insalata di pollo greca alle erbe

Tempo di preparazione: 10 minuti.
È ora di cucinare: 10 minuti
Porzioni: 2
Livello di difficoltà: medio

Ingredienti:

- 1/2 cucchiaino di origano secco
- 1/4 cucchiaino di aglio in polvere
- 3/8 cucchiaino di pepe nero, diviso
- spray da cucina
- Petti di pollo disossati e senza pelle da 1/2 libbra, tagliati a cubetti da 1 pollice
- 1/4 cucchiaino di sale, diviso
- 1/2 tazza di yogurt bianco senza grassi
- 1 cucchiaino di tahini (pasta di sesamo)
- 2 1/2 cucchiaini. succo di limone fresco
- 1/2 cucchiaino di aglio tritato in bottiglia
- 4 tazze di lattuga romana tritata
- 1/2 tazza di cetrioli inglesi sbucciati e tritati
- 1/2 tazza di pomodorini, tagliati a metà
- 3 olive Kalamata snocciolate, tagliate a metà
- 2 cucchiai (1 oncia) di formaggio feta sbriciolato

Indirizzi:

Unisci l'origano, l'aglio naturale in polvere, 1/2 cucchiaino di pepe e 1/4 di cucchiaino di sale in una ciotola. Scaldare una padella antiaderente a fuoco medio-alto. Rivestire la padella con spray da cucina. Aggiungi una combinazione di pollame e spezie; rosolare fino a cottura del pollame. Irrorare con 1 cucchiaino di succo; mescolata. Togliere dalla padella.

Unisci i restanti 2 cucchiaini di succo, il rimanente 1/4 di cucchiaino di sodio, il rimanente 1/4 di cucchiaino di pepe, yogurt, tahini e aglio in una piccola ciotola; mescolare bene. Unisci i membri della famiglia della lattuga, cetrioli, pomodori e olive. Metti 2 tazze e 1/2 di miscela di lattuga su ciascuno dei 4 piatti. Completare ogni porzione con 1/2 tazza di mix di pollo e 1 cucchiaino di formaggio. Condire ogni porzione con 3 cucchiai di miscela di yogurt

Nutrizione (per 100 g): 116 calorie 11 g di grassi 15 g di carboidrati 28 g di proteine 634 mg di sodio

Insalata Di Cous Cous Greco

Tempo di preparazione: 10 minuti.

È ora di cucinare: 15 minuti

Porzioni: 10

Livello di difficoltà: Facile

Ingredienti:

- 1 lattina (14-1/2 once) di brodo di pollo a sodio ridotto
- 1 tazza e 1/2 1-3/4 cous cous integrale crudo (circa 11 once)
- Bendare:
- 6 1/2 cucchiai di olio d'oliva
- 1 1/4 cucchiaini di scorza di limone 1-1/2
- 3 1/2 cucchiai di succo di limone
- 13/16 cucchiaini di condimento adobo
- 3/16 cucchiaino di sale
- Insalata:
- 1 2/3 tazze di pomodorini, tagliati a metà
- 5/6 cetriolo inglese, tagliato a metà nel senso della lunghezza e affettato
- 3/4 tazza di prezzemolo fresco tritato grossolanamente
- 1 lattina (6-1/2 once) di olive mature affettate, sgocciolate
- 6 1/2 cucchiai di formaggio feta sbriciolato
- 3 1/3 cipolle verdi, tritate

Indirizzi:

In una pentola capiente portare a ebollizione il brodo. Aggiungere il cous cous. Togliere dal fuoco; Lasciare riposare, coperto, finché il brodo non viene assorbito, circa 5 minuti. Trasferire su un piatto grande; raffreddare completamente.

Sbattere le sostanze del condimento. Aggiungere il cetriolo, il pomodoro, le verdure, il prezzemolo, le olive e le cipolle verdi al couscous; mescolare nel condimento. Amalgamare delicatamente il formaggio. Servire immediatamente o conservare in frigorifero e servire il gelato.

Nutrizione (per 100 g): 114 calorie 13 g di grassi 18 g di carboidrati 27 g di proteine 811 mg di sodio

Frittata fritta di Denver

Tempo di preparazione: 10 minuti.

È ora di cucinare: 30 minuti

Porzioni: 4

Livello di difficoltà: medio

Ingredienti:

- 2 cucchiai di burro
- 1/2 cipolla, carne macinata
- 1/2 peperone verde tritato
- 1 tazza di prosciutto cotto tritato
- 8 uova
- 1/4 tazza di latte
- 1/2 tazza di formaggio cheddar grattugiato e pepe nero macinato a piacere

Indirizzi:

Preriscaldare il forno a 200 gradi C (400 gradi F). Ungere una teglia rotonda da 10 pollici.

Sciogliere il burro a fuoco medio; cuocere e mescolare cipolla e peperone fino a renderli morbidi, circa 5 minuti. Aggiungere il prosciutto e continuare la cottura finché tutto sarà caldo, 5 minuti.

Sbattere le uova e il latte in una ciotola capiente. Aggiungi la miscela di formaggio cheddar e prosciutto; Condire con sale e pepe nero. Versare il composto in una teglia. Cuocere in forno, circa 25 minuti. Servire caldo.

Nutrizione (per 100 g):345 calorie 26,8 g grassi 3,6 g carboidrati 22,4 g proteine 712 mg sodio

Padella Per Salsicce

Tempo di preparazione: 25 minuti.
È ora di cucinare: 60 minuti
Porzioni: 12
Livello di difficoltà: medio

Ingredienti:

- 1 libbra di salsiccia da colazione alla salvia,
- 3 tazze di patate grattugiate, scolate e strizzate
- 1/4 tazza di burro fuso
- 12 once di formaggio cheddar leggermente grattugiato
- 1/2 tazza di cipolla grattugiata
- 1 piccolo contenitore di ricotta (16 once)
- 6 uova giganti

Indirizzi:

Impostare il forno a 190 ° C. Ungere leggermente una teglia quadrata da 9 x 13 pollici.

Metti la salsiccia in una padella capiente. Cuocere a fuoco medio fino a quando diventa morbido. Scolare, sbriciolare e mettere da parte.

Mescolare le patate tagliuzzate e il burro nella teglia preparata. Ricoprire il fondo e i lati del piatto con il composto. Unisci la salsiccia, il formaggio cheddar, la cipolla, la ricotta e le uova in una ciotola. Versare sopra il composto di patate. Lascia cuocere.

Lasciare raffreddare per 5 minuti prima di servire.

Nutrizione (per 100 g): 355 calorie 26,3 g grassi 7,9 g carboidrati 21,6 g proteine 755 mg di sodio.

Gamberi Marinati Alla Griglia

Tempo di preparazione: 30 minuti.

È ora di cucinare: 60 minuti

Porzioni: 6

Livello di difficoltà: Facile

Ingredienti:

- 1 tazza di olio d'oliva
- 1/4 tazza di prezzemolo fresco tritato
- 1 limone, spremuto
- 3 spicchi d'aglio tritati finemente
- 1 cucchiaio di passata di pomodoro
- 2 cucchiaini di origano secco
- 1 cucchiaino di sale
- 2 cucchiai di salsa piccante
- 1 cucchiaino di pepe nero macinato
- 2 libbre di gamberetti, sbucciati e senza code

Indirizzi:

Unisci in una ciotola l'olio d'oliva, il prezzemolo, il succo di limone, la salsa piccante, l'aglio, la passata di pomodoro, l'origano, il sale e il pepe nero. Prenota una piccola quantità per infilzarla più tardi. Riempi il grande sacchetto di plastica richiudibile con marinata e gamberetti. Chiudete e lasciate raffreddare per 2 ore.

Preriscaldare la griglia a fuoco medio. Infilare i gamberi negli spiedini, pungere una volta la coda e una volta la testa. Scartare la marinata.

Oliare leggermente la griglia. Cuocere i gamberi per 5 minuti su ciascun lato o fino a quando diventano opachi, spesso irrorandoli con la marinata riservata.

Nutrizione (per 100 g): 447 calorie 37,5 g grassi 3,7 g carboidrati 25,3 g proteine 800 mg sodio

Casseruola di uova con salsiccia

Tempo di preparazione: 20 minuti.

È ora di cucinare: 1 ora e 10 minuti

Porzioni: 12

Livello di difficoltà: medio

Ingredienti:

- Salsiccia di maiale tritata finemente da 3/4 libbre
- 1 cucchiaio di burro
- 4 cipolle verdi, carne macinata
- 1/2 libbra di funghi freschi
- 10 uova sbattute
- 1 contenitore (16 grammi) di ricotta a basso contenuto di grassi
- 1 libbra di formaggio Monterey Jack, grattugiato
- 2 barattoli di peperone verde a dadini, scolato
- 1 tazza di farina, 1 cucchiaino di lievito
- 1/2 cucchiaino di sale
- 1/3 di tazza di burro fuso

Indirizzi:

Metti la salsiccia in una padella profonda. Cuocere a fuoco medio fino a quando diventa morbido. Scolare e riservare. Sciogliere il burro in una padella, cuocere e mescolare l'erba cipollina e i funghi fino a renderli morbidi.

Unisci le uova, la ricotta, il formaggio Monterey Jack e i peperoni in una grande ciotola. Aggiungi salsiccia, cipolle verdi e funghi. Coprire e passare la notte in frigorifero.

Impostare il forno a 175°C (350°F). Ungere una teglia leggera da 9 x 13 pollici.

Setacciare la farina, il lievito e il sale in una ciotola. Aggiungere il burro fuso. Incorporate il composto di farina al composto di uova. Versare nella teglia preparata. Cuocere fino a quando leggermente dorato. Lasciare riposare per 10 minuti prima di servire.

Nutrizione (per 100 g): 408 calorie 28,7 g grassi 12,4 g carboidrati 25,2 g proteine 1095 mg sodio

Quadrati di tortilla al forno

Tempo di preparazione: 15 minuti.

È ora di cucinare: 30 minuti

Porzioni: 8

Livello di difficoltà: Facile

Ingredienti:

- 1/4 tazza di burro
- 1 cipolla piccola, carne macinata
- 1 tazza e 1/2 di formaggio cheddar grattugiato
- 1 lattina di funghi a fette
- 1 lattina di prosciutto cotto con olive nere (facoltativo)
- peperoni jalapeno a fette (facoltativo)
- 12 uova, uova strapazzate
- 1/2 tazza di latte
- Sale e pepe a piacere

Indirizzi:

Preparare il forno a 205°C (400°F). Ungere una teglia da 9 x 13 pollici.

Cuocere il burro in una padella a fuoco medio e cuocere la cipolla fino a cottura.

Metti il formaggio cheddar sul fondo della teglia preparata. Completare con funghi, olive, cipolla fritta, prosciutto e peperoni jalapeno. Sbattere le uova in una ciotola con il latte, sale e pepe. Versare il composto di uova sugli ingredienti, ma non mescolare.

Cuocere nel forno scoperto e preriscaldato finché non scorre più liquido al centro e la superficie diventa marrone chiaro. Lasciare raffreddare leggermente, quindi tagliare a quadrotti e servire.

Nutrizione (per 100 g): 344 calorie 27,3 g grassi 7,2 g carboidrati 17,9 g proteine 1087 mg sodio

uovo sodo

Tempo di preparazione: 5 minuti.
È ora di cucinare: 15 minuti
Porzioni: 8
Livello di difficoltà: Facile

Ingredienti:

- 1 cucchiaio di sale
- 1/4 di tazza di aceto bianco distillato
- 6 tazze d'acqua
- 8 uova

Indirizzi:

Mettete il sale, l'aceto e l'acqua in una pentola capiente e portate ad ebollizione a fuoco vivace. Aggiungete le uova una alla volta facendo attenzione a non romperle. Abbassare la fiamma a fuoco lento e cuocere per 14 minuti.

Togliere le uova dall'acqua calda e metterle in una ciotola piena di ghiaccio o acqua fredda. Lasciare raffreddare completamente, circa 15 minuti.

Nutrizione (per 100 g): 72 calorie 5 g grassi 0,4 g carboidrati 6,3 g proteine 947 mg sodio

Funghi Con Glassa Di Salsa Di Soia

Tempo di preparazione: 5 minuti.

È ora di cucinare: 10 minuti

Porzioni: 2

Livello di difficoltà: medio

Ingredienti:

- 2 cucchiai di burro
- 1 confezione (8 once) di funghi champignon bianchi affettati
- 2 spicchi d'aglio, tritati
- 2 cucchiaini di salsa di soia
- pepe nero macinato a piacere

Indirizzi:

Cuocere il burro in una padella a fuoco medio; aggiungere i funghi; cuocere e mescolare fino a quando i funghi saranno morbidi e sciolti, circa 5 minuti. Aggiungi l'aglio; continuare la cottura mescolando per 1 minuto. Versare la salsa di soia; cuocere i funghi in salsa di soia finché il liquido non sarà evaporato, circa 4 minuti.

Nutrizione (per 100 g): 135 calorie 11,9 g grassi 5,4 g carboidrati

Uova ai peperoni

Tempo di preparazione: 10 minuti.

È ora di cucinare: 20 minuti

Porzioni: 2

Livello di difficoltà: medio

Ingredienti:

- 1 tazza di sostituto dell'uovo
- 1 uovo
- 3 cipolle verdi, carne macinata
- 8 fette di peperoni, tagliate a dadini
- 1/2 cucchiaino di aglio in polvere
- 1 cucchiaino di burro fuso
- 1/4 tazza di formaggio romano grattugiato
- sale e pepe nero macinato a piacere

Indirizzi:

Unisci il sostituto dell'uovo, l'uovo, le cipolle verdi, le fette di peperoni e l'aglio in polvere in una ciotola.

Cuocere il burro in una padella antiaderente a fuoco basso; Aggiungere il composto di uova, chiudere la padella e cuocere per 10-15 minuti. Cospargere con uova romane e condire con sale e pepe.

Nutrizione (per 100 g): 266 calorie 16,2 g grassi 3,7 g carboidrati 25,3 g proteine 586 mg sodio

Muffin all'uovo

Tempo di preparazione: 15 minuti.

È ora di cucinare: 20 minuti

Porzioni: 6

Livello di difficoltà: medio

Ingredienti:

- 1 confezione di pancetta (12 once)
- 6 uova
- 2 cucchiai di latte
- 1/4 cucchiaino di sale
- 1/4 cucchiaino di pepe nero macinato
- 1 C. Burro fuso
- 1/4 cucchiaino. prezzemolo secco
- 1/2 tazza di prosciutto
- 1/4 tazza di mozzarella
- 6 fette di Gouda

Indirizzi:

Preparare il forno a 175°C (350°F). Cuocere la pancetta a fuoco medio finché non inizia a dorarsi. Asciugare le fette di pancetta con carta da cucina.

Disporre le fette di pancetta nelle 6 tazze della teglia antiaderente per muffin. Tagliate la pancetta rimanente e disponetela sul fondo di ogni coppetta.

Mescolare uova, latte, burro, prezzemolo, sale e pepe. Aggiungere il prosciutto e la mozzarella.

Riempi le tazze con il composto di uova; decorare con formaggio Gouda.

Cuocere nel forno preriscaldato finché il formaggio Gouda non si sarà sciolto e le uova saranno tenere, circa 15 minuti.

Nutrizione (per 100 g): 310 calorie 22,9 g grassi 2,1 g carboidrati 23,1 g proteine 988 mg di sodio.

uova di dinosauro

Tempo di preparazione: 20 minuti.

È ora di cucinare: 15 minuti

Porzioni: 4

Livello di difficoltà: Difficile

Ingredienti:

- Mostarda:
- 1/4 tazza di senape densa
- 1/4 tazza di yogurt greco
- 1 cucchiaino di aglio in polvere
- 1 pizzico di pepe di cayenna
- Uova:
- 2 uova sbattute
- 2 tazze di purè di patate
- 4 uova sode, sbucciate
- 1 lattina (15 once) di carne macinata HORMEL® Mary Kitchen®, tritata finemente
- 2 litri di olio vegetale per friggere

Indirizzi:

Unisci la senape vecchio stile, lo yogurt greco, l'aglio in polvere e il pepe di cayenna in una piccola ciotola fino a ottenere un composto omogeneo.

Trasferisci le 2 uova sbattute in un piatto fondo; posizionare i fiocchi di patate in un piatto poco profondo separato.

Dividere la carne macinata in 4 porzioni. Formare la carne salata attorno a ciascun uovo fino a quando non sarà completamente avvolto.

Immergere le uova avvolte nell'uovo sbattuto e cospargerle con il purè di patate fino a ricoprirle.

Versare l'olio in una pentola capiente e scaldare a 190°C (375°F).

Metti 2 uova nell'olio caldo e cuoci per 3-5 minuti fino a doratura. Scolatele con un cucchiaio e disponetele su un piatto rivestito con carta da cucina. Ripeti l'operazione con le restanti 2 uova.

Tagliare nel senso della lunghezza e servire con salsa di senape.

Nutrizione (per 100 g): 784 calorie 63,2 g grassi 34 g carboidrati

Frittata di pomodoro e aneto

Tempo di preparazione: 10 minuti.

È ora di cucinare: 35 minuti

Porzioni: 6

Livello di difficoltà: medio

Ingredienti:

- Pepe e sale a piacere
- 1 cucchiaino di fiocchi di peperoncino
- 2 spicchi d'aglio, tritati
- ½ tazza di formaggio di capra sbriciolato - facoltativo
- 2 cucchiai di erba cipollina fresca, tritata
- 2 cucchiai di aneto fresco tritato
- 4 pomodori, tagliati a cubetti
- 8 uova sbattute
- 1 cucchiaino di olio di cocco

Indirizzi:

Ungere una teglia rotonda da 9 pollici e preriscaldare il forno a 325oF.

In una ciotola capiente, mescolare bene tutti gli ingredienti e versarli nella padella preparata.

Mettere in forno e cuocere finché la parte centrale non sarà cotta per circa 30-35 minuti.

Sfornare e decorare con altra erba cipollina e aneto.

Nutrizione (per 100 g): 149 calorie 10,28 g grassi 9,93 g carboidrati 13,26 g proteine 523 mg sodio

Pancake alle mandorle e banane Paleo

Tempo di preparazione: 10 minuti.

È ora di cucinare: 10 minuti

Porzioni: 3

Livello di difficoltà: medio

Ingredienti:

- ¼ tazza di farina di mandorle
- ½ cucchiaino di cannella in polvere
- 3 uova
- 1 banana, schiacciata
- 1 cucchiaio di burro di mandorle
- 1 cucchiaino di estratto di vaniglia
- 1 cucchiaino di olio d'oliva
- Banana a fette per servire

Indirizzi:

Sbattere le uova in una ciotola fino a renderle morbide. In un'altra ciotola, schiacciate la banana con una forchetta e aggiungetela al composto di uova. Aggiungere la vaniglia, il burro di mandorle, la cannella e la farina di mandorle. Mescolare fino ad ottenere un impasto liscio. Scaldare l'olio d'oliva in una padella. Aggiungete un cucchiaio di impasto e friggeteli su entrambi i lati.

Continuate a fare questi passaggi finché non avrete finito tutto l'impasto.

Aggiungere sopra un po' di banana a fette prima di servire.

Nutrizione (per 100 g): 306 calorie 26 g grassi 3,6 g carboidrati 14,4 g proteine 588 mg sodio

Zucchine con Uovo

Tempo di preparazione: 5 minuti.

È ora di cucinare: 10 minuti

Porzioni: 2

Livello di difficoltà: Facile

Ingredienti:

- 1 1/2 cucchiaio di olio d'oliva
- 2 zucchine grandi, tagliate a pezzi grandi
- sale e pepe nero macinato a piacere
- 2 uova grandi
- 1 cucchiaino di acqua o a piacere

Indirizzi:

Cuocere l'olio in una padella a fuoco medio; rosolare le zucchine fino a renderle morbide, circa 10 minuti. Condire bene le zucchine.

Sbattere le uova con una forchetta in una ciotola. Versare l'acqua e sbattere fino a quando tutto sarà ben amalgamato. Versare le uova sulle zucchine; far bollire e mescolare finché le uova non saranno strapazzate e non scorreranno più, circa 5 minuti. Condire bene le zucchine e le uova.

Nutrizione (per 100 g): 213 calorie 15,7 g grassi 11,2 g carboidrati 10,2 g proteine 180 mg sodio

Casseruola per colazione Amish al formaggio

Tempo di preparazione: 10 minuti.
È ora di cucinare: 50 minuti
Porzioni: 12
Livello di difficoltà: Facile

Ingredienti:

- Pancetta affettata da 1 libbra, a dadini
- 1 cipolla dolce, carne macinata
- 4 tazze di patate tritate surgelate, scongelate
- 9 uova leggermente sbattute
- 2 tazze di formaggio cheddar grattugiato
- 1 tazza e 1/2 di ricotta
- 1 1/4 tazze di formaggio svizzero grattugiato

Indirizzi:

Preriscaldare il forno a 175°C (350°F). Ungere una teglia da 9 x 13 pollici.

Scaldare una padella grande a fuoco medio; cuocere e mescolare pancetta e cipolla fino a quando la pancetta sarà uniformemente dorata, circa 10 minuti. Per drenare. Aggiungi le patate, le uova, il formaggio cheddar, la ricotta e il formaggio svizzero. Versare il composto nella teglia preparata.

Cuocere in forno fino a quando le uova saranno cotte e il formaggio sciolto, da 45 a 50 minuti. Lasciare riposare per 10 minuti prima di tagliare e servire.

Nutrizione (per 100 g): 314 calorie 22,8 g grassi 12,1 g carboidrati 21,7 g proteine 609 mg sodio

Insalata con formaggio Roquefort

Tempo di preparazione: 20 minuti.

È ora di cucinare: 25 minuti

Porzioni: 6

Livello di difficoltà: Facile

Ingredienti:

- 1 foglia di lattuga, tagliata a pezzetti
- 3 pere: sbucciate, private del torsolo e tagliate a pezzi
- 5 once di formaggio Roquefort, sbriciolato
- 1/2 tazza di cipolle verdi tritate
- 1 avocado, sbucciato, senza semi e tagliato a dadini
- 1/4 tazza di zucchero bianco
- 1/2 tazza di noci pecan
- 1 1/2 cucchiaini di zucchero bianco
- 1/3 di tazza di olio d'oliva
- 3 cucchiai di aceto di vino rosso,
- 1 1/2 cucchiaino di senape preparata,
- 1 spicchio d'aglio, tritato
- 1/2 cucchiaino di pepe nero appena macinato

Indirizzi:

Aggiungi 1/4 di tazza di zucchero alle noci in una casseruola a fuoco medio. Continuate a mescolare delicatamente finché lo zucchero non si sarà sciolto nelle noci. Posizionare con cura le noci su carta oleata. Conservare e spezzare a pezzi.

Combinazione di vinaigrette di olio, aceto, 1 1/2 cucchiaino di zucchero, senape, aglio tritato, sale e pepe.

In una grande ciotola, getta la lattuga, le pere, il formaggio blu, l'avocado e lo scalogno. Versare la vinaigrette sull'insalata, guarnire con le noci e servire.

Nutrizione (per 100 g): 426 calorie 31,6 g grassi 33,1 g carboidrati 8 g proteine 654 mg sodio

Riso con tagliatelle

Tempo di preparazione: 5 minuti.

È ora di cucinare: 45 minuti

Porzioni: 6

Livello di difficoltà: Facile

Ingredienti:

- 2 tazze di riso a chicco corto
- 3 tazze e mezzo di acqua, più altra acqua per sciacquare e immergere il riso
- ¼ tazza di olio d'oliva
- 1 tazza di pasta spezzata
- Sale

Indirizzi:

Mettere a bagno il riso in acqua fredda finché l'acqua non sarà limpida. Mettete il riso in una ciotola, coprite con acqua e lasciate macerare per 10 minuti. Scolare e riservare. Cuocere l'olio d'oliva in una pentola media a fuoco medio.

Aggiungere le tagliatelle e cuocere per 2 o 3 minuti, mescolando continuamente, fino a doratura.

Aggiungete il riso e fate cuocere per 1 minuto, mescolando, in modo che il riso sia ben coperto d'olio. Aggiungete l'acqua e un pizzico di sale e portate a bollore il liquido. Regolare la fiamma e cuocere a fuoco lento per 20 minuti. Togliere dal fuoco e lasciare riposare per 10 minuti. Mescolare con una forchetta e servire.

Nutrizione (per 100 g): 346 calorie 9 g di grassi totali 60 g di carboidrati 2 g di proteine 0,9 mg di sodio

Fagioli e riso

Tempo di preparazione: 10 minuti.
È ora di cucinare: 35 minuti
Porzioni: 4
Livello di difficoltà: Facile

Ingredienti:

- ¼ tazza di olio d'oliva
- 4 tazze di fave fresche, sgusciate
- 4 tazze e mezzo d'acqua, più una quantità per condire
- 2 tazze di riso basmati
- 1/8 cucchiaino di sale
- 1/8 cucchiaino di pepe nero appena macinato
- 2 cucchiai di pinoli tostati
- ½ tazza di erba cipollina fresca tritata o erba cipollina fresca

Indirizzi:

Riempire la casseruola con olio d'oliva e cuocere a fuoco medio. Aggiungete i fagioli e irrorateli con un po' d'acqua per evitare che si brucino o si attacchino. Cuocere per 10 minuti.

Aggiungere delicatamente il riso. Aggiungere l'acqua, sale e pepe. Rimettete sul fuoco e portate ad ebollizione il composto. Regolate la fiamma e lasciate cuocere per 15 minuti.

Togliere dal fuoco e lasciare riposare per 10 minuti prima di servire. Versare in una ciotola e cospargere con i pinoli tostati e l'erba cipollina.

Nutrizione (per 100 g): 587 calorie 17 g di grassi totali 97 g di carboidrati 2 g di proteine 0,6 mg di sodio

fagioli al burro

Tempo di preparazione: 30 minuti.

È ora di cucinare: 15 minuti

Porzioni: 4

Livello di difficoltà: Facile

Ingredienti:

- ½ tazza di brodo vegetale
- 4 libbre di fave, sgusciate
- ¼ di tazza di dragoncello fresco, diviso
- 1 cucchiaino di timo fresco tritato
- ¼ di cucchiaino di pepe nero appena macinato
- 1/8 cucchiaino di sale
- 2 cucchiai di burro
- 1 spicchio d'aglio, tritato
- 2 cucchiai di prezzemolo fresco tritato

Indirizzi:

Portare a ebollizione il brodo vegetale in una padella bassa a fuoco medio. Aggiungere i fagioli, 2 cucchiai di dragoncello, timo, pepe e sale. Cuocere fino a quando il brodo sarà quasi assorbito e i fagioli saranno teneri.

Aggiungi burro, aglio e restanti 2 cucchiai di dragoncello. Cuocere per 2 o 3 minuti. Spolverate con il prezzemolo e servite caldo.

Nutrizione (per 100 g): 458 calorie 9 g di grassi 81 g di carboidrati 37 g di proteine 691 mg di sodio

Freekeh

Tempo di preparazione: 10 minuti.

È ora di cucinare: 40 minuti

Porzioni: 4

Livello di difficoltà: Facile

Ingredienti:

- 4 cucchiai di burro chiarificato
- 1 cipolla tritata
- 3 tazze e mezzo di brodo vegetale
- 1 cucchiaino di pimento macinato
- 2 tazze di freekeh
- 2 cucchiai di pinoli tostati

Indirizzi:

Sciogliere il burro chiarificato in una casseruola dal fondo pesante a fuoco medio. Aggiungere la cipolla e cuocere per circa 5 minuti, mescolando continuamente, finché la cipolla non sarà dorata. Versare il brodo vegetale, aggiungere il pimento e portare a bollore. Aggiungi il freekeh e riporta a ebollizione il composto. Regolare la fiamma e cuocere a fuoco lento per 30 minuti, mescolando di tanto in tanto. Versare il freekeh su un piatto da portata e guarnire con i pinoli tostati.

Nutrizione (per 100 g): 459 calorie 18 g di grassi 64 g di carboidrati 10 g di proteine 692 mg di sodio

Polpette di riso fritte con salsa di pomodoro

Tempo di preparazione: 15 minuti.
È ora di cucinare: 20 minuti
Porzioni: 8
Livello di difficoltà: Difficile

Ingredienti:

- 1 tazza di pangrattato
- 2 tazze di risotto cotto
- 2 uova grandi, divise
- ¼ tazza di parmigiano grattugiato fresco
- 8 palline di mozzarella fresca o 1 mozzarella fresca (4 pollici), tagliata in 8 pezzi
- 2 cucchiai di acqua
- 1 tazza di olio di mais
- 1 tazza di salsa base di pomodoro e basilico o acquistata in negozio

Indirizzi:

Mettete il pangrattato in una piccola ciotola e mettetelo da parte. In una ciotola media, sbatti insieme il risotto, 1 uovo e il parmigiano fino a ottenere un composto omogeneo. Dividere il composto del risotto in 8 pezzi. Posizionateli su una superficie di lavoro pulita e appiattite ogni pezzo.

Posizionare 1 pallina di mozzarella su ogni disco di riso appiattito. Chiudete il riso attorno alla mozzarella formando una palla. Ripeti fino a finire tutte le palline. Nella stessa ciotola media, ora vuota, sbatti l'uovo rimasto e l'acqua. Immergete ciascuna pallina di risotto preparata nell'uovo sbattuto e passatela nel pangrattato. Accantonare.

Cuocere l'olio di mais in una padella a fuoco alto. Immergere delicatamente le palline di risotto nell'olio caldo e friggerle per 5-8 minuti fino a doratura. Mescolateli, se necessario, per garantire che l'intera superficie sia fritta. Usando una schiumarola, metti le palline fritte su carta assorbente per farle scolare.

Scaldare la salsa di pomodoro in una casseruola media a fuoco medio per 5 minuti, mescolando di tanto in tanto, e servire la salsa calda insieme agli arancini di riso.

Nutrizione (per 100 g): 255 calorie 15 g di grassi 16 g di carboidrati 2 g di proteine 669 mg di sodio

Riso alla spagnola

Tempo di preparazione: 10 minuti.

È ora di cucinare: 35 minuti

Porzioni: 4

Livello di difficoltà: medio

Ingredienti:

- ¼ tazza di olio d'oliva
- 1 cipolla piccola tritata finemente
- 1 peperone rosso, senza semi e tagliato a dadini
- 1 tazza e ½ di riso bianco
- 1 cucchiaino di paprika dolce
- ½ cucchiaino di cumino macinato
- ½ cucchiaino di coriandolo macinato
- 1 spicchio d'aglio, tritato
- 3 cucchiai di concentrato di pomodoro
- 3 tazze di brodo vegetale
- 1/8 cucchiaino di sale

Indirizzi:

Cuocere l'olio d'oliva in una padella larga e dal fondo pesante a fuoco medio. Aggiungere cipolla e peperoncino. Cuocere per 5 minuti o finché non si sarà ammorbidito. Aggiungere il riso, la paprika, il cumino e il coriandolo e cuocere per 2 minuti, mescolando spesso.

Aggiungere l'aglio, il concentrato di pomodoro, il brodo vegetale e il sale. Mescolare bene e condire, secondo necessità. Lascia bollire la miscela. Abbassate la fiamma e fate cuocere per 20 minuti.

Lasciare riposare 5 minuti prima di servire.

Nutrizione (per 100 g): 414 calorie 14 g di grassi 63 g di carboidrati 2 g di proteine 664 mg di sodio

Zucchine con Riso e Tzatziki

Tempo di preparazione: 20 minuti.

È ora di cucinare: 35 minuti

Porzioni: 4

Livello di difficoltà: medio

Ingredienti:

- ¼ tazza di olio d'oliva
- 1 cipolla tritata
- 3 zucchine, a dadini
- 1 tazza di brodo vegetale
- ½ tazza di aneto fresco tritato
- Sale
- Pepe nero appena macinato
- 1 tazza di riso a chicco corto
- 2 cucchiai di pinoli
- 1 tazza di salsa tzatziki, yogurt bianco o acquistato in negozio

Indirizzi:

Cuocere l'olio in una pentola dal fondo spesso a fuoco medio. Aggiungere la cipolla, abbassare la fiamma a medio-bassa e far rosolare per 5 minuti. Unire le zucchine e cuocere per altri 2 minuti.

Aggiungete il brodo vegetale e l'aneto e aggiustate di sale e pepe. Aumentare il fuoco a medio e portare a ebollizione la miscela.

Aggiungere il riso e riportare il composto a ebollizione. Impostare il fuoco a un livello molto basso, coprire la pentola e cuocere per 15 minuti. Togliere dal fuoco e lasciare riposare per 10 minuti. Disporre il riso su un piatto da portata, spolverizzare con i pinoli e servire con la salsa tzatziki.

Nutrizione (per 100 g): 414 calorie 17 g di grassi 57 g di carboidrati 5 g di proteine 591 mg di sodio

Fagioli cannellini con salsa al rosmarino e aglio

Tempo di preparazione: 10 minuti.

È ora di cucinare: 10 minuti

Porzioni: 4

Livello di difficoltà: Facile

Ingredienti:

- 4 tazze di fagioli cannellini cotti
- 4 tazze d'acqua
- ½ cucchiaino di sale
- 3 cucchlai di olio d'oliva
- 2 cucchiai di rosmarino fresco tritato
- ½ tazza di salsa aioli all'aglio
- ¼ di cucchiaino di pepe nero appena macinato

Indirizzi:

Unisci i fagioli cannellini, l'acqua e il sale in una casseruola media a fuoco medio. Portare a ebollizione. Cuocere per 5 minuti. Per drenare. Cuocere l'olio d'oliva in una padella a fuoco medio.

Aggiungi i fagioli. Aggiungere il rosmarino e l'aioli. Regolare il fuoco a medio-basso e cuocere, mescolando, solo per scaldarlo. Condire con pepe e servire.

Nutrizione (per 100 g): 545 calorie 36 g di grassi 42 g di carboidrati 14 g di proteine 608 mg di sodio

Riso gioiello

Tempo di preparazione: 15 minuti.

È ora di cucinare: 30 minuti

Porzioni: 6

Livello di difficoltà: Difficile

Ingredienti:

- ½ tazza di olio d'oliva, divisa
- 1 cipolla tritata finemente
- 1 spicchio d'aglio, tritato
- ½ cucchiaino di zenzero fresco, sbucciato e tritato
- 4½ tazze d'acqua
- 1 cucchiaino di sale, diviso, più altro se necessario
- 1 cucchiaino di curcuma macinata
- 2 tazze di riso basmati
- 1 tazza di piselli dolci freschi
- 2 carote, sbucciate e tagliate a dadini da ½ pollice
- ½ tazza di mirtilli rossi secchi
- Scorza di 1 arancia
- 1/8 cucchiaino di pepe di cayenna
- ¼ tazza di mandorle a fette, tostate

Indirizzi:

Scaldare ¼ di tazza di olio d'oliva in una padella capiente. Aggiungere la cipolla e cuocere per 4 minuti. Soffriggere con aglio e zenzero.

Aggiungere l'acqua, ¾ di cucchiaino di sale e la curcuma. Portare la miscela a ebollizione. Aggiungere il riso e riportare a ebollizione. Assaggiate il brodo e aggiustate di sale, se necessario. Selezionare il fuoco al minimo e cuocere per 15 minuti. Spegnere il fuoco. Lasciare riposare il riso sul fuoco, coperto, per 10 minuti. Nel frattempo, in una padella media o a fuoco medio-basso, scaldare il restante ¼ di tazza di olio d'oliva. Aggiungere i piselli e le carote. Cuocere per 5 minuti.

Aggiungere i mirtilli rossi e la scorza d'arancia. Cospargere con sale rimanente e pepe di cayenna. Cuocere per 1 o 2 minuti. Versare il riso su un piatto da portata. Completare con i piselli e le carote e cospargere con le mandorle tostate.

Nutrizione (per 100 g): 460 calorie 19 g di grassi 65 g di carboidrati 4 g di proteine 810 mg di sodio

www.ingramcontent.com/pod-product-compliance
Lightning Source LLC
Chambersburg PA
CBHW071826110526
44591CB00011B/1232